Friedrich Anton Schneider

Das Ei und seine Befruchtung

Friedrich Anton Schneider

Das Ei und seine Befruchtung

ISBN/EAN: 9783744639552

Hergestellt in Europa, USA, Kanada, Australien, Japan

Cover: Foto ©Andreas Hilbeck / pixelio.de

Weitere Bücher finden Sie auf **www.hansebooks.com**

Das Ei und seine Befruchtung.

Von

Dr. Anton Schneider,

Professor der Zoologie und Director des zoologischen Museums der Universität Breslau.

Mit 3 Holzschnitten und 10 Tafeln.

Breslau 1883.
J. U. Kern's Verlag
(Max Müller).

Inhalt.

Abschnitt I. Das Ei.

Abschnitt II. Das Sperma.

Abschnitt III. Uebersicht der Ergebnisse.

Einleitung.

Im April des Jahres 1873 veröffentlichte ich Untersuchungen*) über die Zelltheilung bei *Mesostomum* und *Distoma*, worin ich zuerst die bei der Theilung eintretende Metamorphose des Zellkerns beschrieben habe. *Mesostomum Ehrenbergii* zeigt von allen mir bis jetzt bekannten Thieren diese Erscheinung am deutlichsten, und diesem glücklichen Umstande verdanke ich ihre Entdeckung. Man fand dieselbe bald noch bei vielen anderen Thieren. Dass eine ähnliche Metamorphose auch bei den Pflanzen vorkommen würde, war mir von vornherein sehr wahrscheinlich. Denn schon in dem, nicht blos den Botanikern sondern auch den Zoologen wohl bekannten Lehrbuche von Sachs (S. 14) befindet sich eine Figur, die Sporenbildung von *Equisetum limosum* betreffend, welche deutlich darauf hinwies, dass dieselbe auch bei der Theilung pflanzlicher Zellen eintritt. Kurz, es hat sich diese Erscheinung als eine so verbreitete herausgestellt, dass man eher fragen muss, ob überhaupt eine Zelltheilung ohne dieselbe vorkommt. In den Werken von Strasburger**), Mark***) und Flemming†) findet man schon eine zusammenfassende Darstellung dieses Gegenstandes. Besonders in der gründlichen und ausgezeichneten Arbeit von W. Flemming sind die bisherigen Untersuchungen, an welchen der Verfasser selbst einen so hervorragenden Antheil hat, historisch treu dargestellt und zu einem wohlgeordneten System verbunden.

In dem folgenden will ich nur einen abgegrenzten Theil dieses Gegenstandes behandeln, wie ich ihn im Titel bezeichnet habe. O. Hertwig††) hat nämlich die Metamorphose, welche der Eikern vor und nach der Befruchtung erleidet und welche ich zum Theil bereits bei *Mesostomum* beschrieben hatte, in Verbindung mit dem Eindringen des Spermatozoon gebracht und folgende Theorie aufgestellt: Der Eikern erleidet bei der Reife des Ei's eine rückschreitende Metamorphose, bei welcher nur der Keimfleck (Nucleolus) übrig bleibt, der von da ab als weiblicher Eikern zu bezeichnen ist. Aus dem eingedrungenen Spermatozoon entsteht ein zweiter Kern, der Spermakern. Beide Kerne verschmelzen mit einander und bilden einen neuen Kern, den Furchungskern, welcher nun als Kern der Eizelle sich bei der Furchung theilt. Durch die weiteren Untersuchungen O. Hertwig's selbst, Selenka's

---

*) Das Nähere siehe unten in dem Abschnitt über *Mesostomum Ehrenbergii.*
**) E. Strasburger, Zellbildung und Zelltheilung. 3. Auflage. Jena. 1880.
***) E. L. Mark, *Maturation, Fecundation and Segmentation of Limax campestris. Bulletin of the Museum of comparative Zoology at Harvard College Cambridge.* Cambridge, Mass. U. S. 1881.
†) W. Flemming, Zellsubstanz, Kern und Zelltheilung. Leipzig 1882.
††) O. Hertwig, Beiträge zur Kenntniss der Bildung, Befruchtung und Theilung des thierischen Eies. Morphologisches Jahrbuch, herausgegeben von Gegenbaur. Bd. III. p. 347 (1876).

1

und besonders durch die schönen Untersuchungen Fol's wurde diese Theorie bestätigt. Auch von Seiten solcher, welche keine eignen Untersuchungen gemacht, fand die Theorie Hertwig's grossen Beifall. Nach den bisherigen Beobachtungen liess sich von dem in das Ei eingedrungenen Spermatozoon nur sagen, dass es verschwindet. War es nicht ungleich befriedigender, dass dieser so wichtige Act auf einmal sich soviel genauer verfolgen liess und Erscheinungen dabei auftraten, die eines gewissen Glanzes nicht entbehren. Ich selbst hegte keinen Zweifel an dieser Theorie und unternahm nur zu meiner Belehrung eine Untersuchung dieses Gegenstandes. Allein gleich bei den *Hirudineen*, welche Hertwig's Theorie stützen sollten, stiess ich auf Einwürfe. Ich fand, dass überhaupt noch niemand das Eindringen der Spermatozoen bei diesen Thieren beobachtet hatte. Hertwig hatte, wie er selbst zugiebt, bei denselben wesentliche Lücken seiner Beobachtungen durch Annahmen ergänzt, die sich als unrichtig erwiesen. Jedenfalls konnte man die *Hirudineen* nicht für seine Theorie benutzen. Ich hoffte, dass die Thatsachen bei den *Echinodermen* klarer sprechen würden und ging deshalb nach Ostende. Dort konnte ich *Asteracanthion* untersuchen, aber auch an diesem Thier konnte ich mich von der Unrichtigkeit der Theorie überzeugen. In zwei Mittheilungen*) habe ich von diesen Untersuchungen vorläufige Kenntniss gegeben. Seitdem hat W. Flemming die Befruchtung bei den Seeigeln beobachtet und sich für die Hertwig'sche Theorie ausgesprochen. Um auch die Seeigel kennen zu lernen, bei welchen alle hierher gehörenden Erscheinungen am deutlichsten abgebildet worden sind, ging ich nach Triest. Durch das k. k. österreichische Unterrichtsministerium erhielt ich die Erlaubniss in der dortigen zoologischen Station zu arbeiten. Ich verfeble nicht, meinen ehrerbietigen Dank dafür auszusprechen. Auch dem Herrn Claus, Director, und Herrn Dr. Gräffe, Inspector dieses schönen Institutes, bin ich zu vielem Dank für die Unterstützung, die ich bei dieser Gelegenheit von ihnen erfahren, verpflichtet.

Die Beobachtung der Seeigel zeigte mir manche bisher übersehene Thatsachen und die bisher angegebenen in einem andern Lichte, dass ich auch diese Thiergruppe nicht als einen Beweis für die Richtigkeit der Hertwig'schen Theorie anerkennen kann. Es gelang mir auch noch eine neue Gruppe von Thieren zu finden, welche in einer Jedermann leicht zugänglichen Weise die Befruchtungserscheinungen deutlicher wie alle bisher beobachteten Beispiele zeigen, nämlich die grossen *Ascaris*species.

Es war nothwendig verschiedene Abschweifungen zu machen, deren Zusammenhang mit dem Ganzen dem Leser hoffentlich einleuchten und die deshalb entschuldbar erscheinen werden. Bin ich auch zu einem andern Resultat als die Forscher, welche sich bisher mit diesen Gegenstand beschäftigten, gekommen, so hat die eingehende und gründliche Arbeit derselben es erst möglich gemacht, in so einfacher Weise die Erscheinungen der Zelltheilung und Befruchtung darzustellen, wie es hoffentlich am Schlusse dieser Arbeit geschehen ist.

---

*) A. Schneider, Ueber Befruchtung. Zoologischer Anzeiger. 24. Mai 1880, und: Ueber Befruchtung thierischer Eier; ebenda 23. August 1880.

Abschnitt I.

Das Ei.

Nematoidea.

Ascaris megalocephala (Taf. I. Fig. 1—11 u. Taf. II. Fig. 1—4).

Meine Untersuchungen über das Ei der *Nematoden* sind vorzugsweise an *Ascaris megalocephala* gemacht. Diese Species bietet viele Vortheile dar. Zunächst kann man dieselbe in unbeschränkter Menge erhalten, jedes weibliche Exemplar enthält Massen von Eiern und zwar, was besonders hervorzuheben ist, auf allen Stufen der Entwicklung, die Eier sind ferner ziemlich gross und so fest, dass sie sich rollen lassen. *Ascaris lumbricoides* eignet sich z. B. weniger, der Uterus derselben enthält zwar auch eine Menge Eier, allein dieselben standen in den von mir untersuchten Exemplaren immer auf einer gleichen Stufe der Entwickelung. Um sich eine Uebersicht der Veränderungen des Ei zu verschaffen, nimmt man ein ausgewachsenes Exemplar von *Ascaris megalocephala*, welches mindestens 14 Tage — sie sind aber selbst nach Jahren brauchbar — in Alkohol von 60—70 Procent gelegen, schneidet die Körperhaut der Länge nach auf, zieht die Geschlechtsorgane heraus, indem man dieselben an der Vagina anfasst und legt sie einige Tage in concentrirtes Essigkarmin*), bis die Färbung, welche sie durch dieses Färbemittel erhalten, eingetreten ist, nämlich eine hellrothe. Man muss sich hüten, Essigkarmin mit Metallen, welche in Essigsäure löslich sind, in Berührung zu bringen, sonst wird die Färbung bläulich schwarz. Ich bediene mich zur Präparation einer elfenbeinernen Pinzette und der Gänsefedern, wie man sie zum Schreiben benutzt. Darauf bringt man dieselben für einige Tage in Glycerin. Während dieser Zeit nimmt das Präparat eine dunkelrothe Farbe an. Jetzt legt man einen Ast des paarigen Geschlechtsorganes, und zwar das Stück von der Vagina bis zu der Stelle, wo sich die Eier von der Rhachis trennen — das übrige hat für die hier behandelten Fragen keinen Werth — auf eine Glasplatte und theilt dasselbe in eine Anzahl gleicher Stücke. Etwa 40 müssen behufs einer genauen Untersuchung von einem ausgewachsenen Exemplar gemacht werden. Jedes Stück bringt man auf ein Objectglas, drückt die Eier aus und bedeckt sie, nachdem die Reste der Geschlechts-

---

*) Essigkarmin stellt man am besten in folgender Weise dar. Man trägt in kochende 45 % Essigsäure Carmin ein, bis sich nichts mehr löst und filtrirt dann. In 45 % Essigsäure löst sich nämlich die grösste Menge Carmin.

1*

4

röhre entfernt sind, mit einem Deckglas. Kitt habe ich nicht angewendet, da es sehr nützlich ist, mittelst des Deckglases die Eier zu rollen. Ein Jahr ungefähr halten sich die Präparate gut. Es versteht sich von selbst, dass ich auch frische Eier und die Einwirkung der verschiedenen Flüssigkeiten auf dieselben untersucht habe, allein die Veränderungen der Keimbläschen und Spermatozoen sind nur bei der oben beschriebenen Behandlung sichtbar.

Bekanntlich hängen die Eier von *A. megalocephala* in dem blinden Ende der Eiröhre durch eine Rhachis zusammen. Sie sind von einer festen, scharf nach innen und aussen begrenzten Schicht umgeben, welche ich als die p r i m ä r e E i h a u t bezeichnen will. Das Protoplasma ist mit dunkeln in Essigsäure unveränderlichen Körnchen, den Protoplasmakörnern, erfüllt, das Keimbläschen hat eine Membran und mehrere Nucleoli (Taf. I. Fig. 1). In diesem Zustand löst sich das Ei von der Rhachis ab. Zunächst bleibt die Stelle, wo die Ablösung stattfand — die sogenannte Mikropyle — ohne Membran, das Protoplasma tritt tropfenförmig daraus hervor. Nach der Ablösung treten sofort Veränderungen ein. Die Protoplasmakörner schwinden, es tritt Lecithin auf und zwar in Gestalt von grösseren hellen Kugeln und von kleineren verschieden gestalteten dunkel conturirten Körnchen. Beide lösen sich in concentrirter und verdünnter Essigsäure, die Kugeln schneller als die Körnchen. Das Protoplasma bleibt als das Gerüst der Zelle übrig. Auf dieser Löslichkeit beruht die oben angeführte Untersuchungsmethode. Die frischen Eier sind durch Lecithin undurchsichtig; sie erhalten ihre Durchsichtigkeit durch das längere Verweilen in Essigkarmin. Wenn die Eier nicht in Alkohol gelegen haben, so behalten sie einen matten Glanz und sind zur Untersuchung undeutlich. Man kann daraus schliessen, dass sie einen in Alkohol löslichen Stoff enthalten. Die oben genannten Veränderungen treten schrittweise auf. Die Ausbildung der Lecithinkugeln erreicht ihren Höhepunkt erst nach dem Eindringen des Spermatozoon. Das Keimbläschen ist anfangs oval mit einer deutlichen Membran. Die Membran wird dann dünner und beginnt ihre Gestalt zu verändern (Fig. 2). Der Theil der Eiröhre*), in welchem das Ei sich jetzt befindet—die Tuba— besitzt nach Aussen eine Schicht Muskelfasern, nach Innen ein Epithel. Sein Lumen ist ziemlich eng, es ist immer reichlich mit Spermatozoen gefüllt. In der Tuba treten die Spermatozoen in die Eier und zwar durch die Mikropyle. Diese von N e l s o n entdeckte Thatsache wurde zuerst mehrfach bestritten, dann von M e i s s n e r , T h o m s o n und mir bestätigt. Spermatozoen findet man immer in den Tuben, allein nicht immer Eier. Nach den früheren Methoden konnte man nicht mit Sicherheit entscheiden, ob ein oder mehrere Spermatozoen eintreten. Jetzt lässt sich mit Sicherheit angeben, dass bei *A.megalocephala,* und wie ich hinzufügen kann, auch bei *A. lumbricoides* immer nur ein Spermatozoon eintritt. Während das Spermatozoon auf der Mikropyle aufsitzt, hat das Ei niemals glatte und einfache Umrisse, sondern ist mehrfach ein-

*) Für eine genauere Beschreibung der anatomischen Verhältnisse und für die geschichtlichen Citate verweise ich auf meine „Monographie der *Nematoden*."

gebuchtet und eingeschnürt. Diese Einschnürungen fehlen immer an den Eiern vor und nach der Befruchtung, sie rühren deshalb nicht von einer Einwirkung des Alkohols, der Essigsäure oder der zur Untersuchung frischer Eier angewendeten Flüssigkeiten her, sondern sind der Ausdruck der während des Eindringens stattfindenden Contractionen (Taf. I. Fig. 3).

Die primäre Eihaut ist vor der Befruchtung in Essigsäure unveränderlich. Nachdem das Spermatozoon eingedrungen, wird sie zunächst zwar nicht dicker, aber auf Zusatz von Essigsäure quillt sie auf, so dass sie die Breite des Eidurchmessers erreicht (Taf. II. Fig. 1. u. 2). Diese Eigenschaft behält die Haut bis zu ihrem Untergang bei. Wenn Alkohol darauf gewirkt hat, tritt die Quellung schwächer und langsamer ein. In Chromsäure wird die Eihaut auf allen Stufen ihrer Entwicklung fest, quillt nicht und verändert sich in Essigsäure nicht mehr.

Das Keimbläschen verliert seine Membran. Sein Inhalt scheidet sich in eine feste und flüssige Substanz, die Kernsubstanz und Kernflüssigkeit. Die Kernsubstanz bildet in der Mitte zwei unregelmässige Stücke, welche sich in Essigkarmin dunkelroth färben. Die flüssige Substanz, die jedoch immer noch eine gewisse Consistenz besitzt, färbt sich nicht, die feste Substanz bildet den Nucleolus, man kann sie mit Flemming auch als Chromatin, die flüssige Substanz als Achromatin bezeichnen. Man braucht dabei nur an eine physicalische, nicht an eine chemische Verschiedenheit der beiden Stoffe zu denken.

Das Keimbläschen fährt fort seine Umrisse zu ändern. Es zeigt die verschiedensten Einbuchtungen, ist also wohl in dieser Zeit amöboid.

Das eingedrungene Spermatozoon bleibt für jetzt unverändert. Indess muss ich darauf hinweisen, dass es bereits im Augenblick des Eintritts verschieden gestaltet sein kann. Im Folgenden werden wir die Spermatozoen der *Nematoden* besonders betrachten und verweisen darauf. Hier bemerke ich nur, dass die Spermatozoen in den Tuben zwei Hauptmodificationen zeigen. Entweder haben sie einen feinkörnigen Inhalt oder sie sind homogen und stark lichtbrechend. Aus der feinkörnigen Modification gehen sie in die andere über. Es finden sich deshalb Spermatozoen der verschiedensten Gestalt in dem weiblichen Geschlechtsschlauche. Alle aber ohne Unterschied der Gestalt können in das Ei eindringen. Gerade die fettglänzenden oder stark lichtbrechenden Spermatozoen sind für uns von besonderm Werth, da ihre Umrisse sich besonders deutlich von dem Protoplasma des Eis abheben. Die eingedrungenen Spermatozoen färben sich durch Essigkarmin sehr stark, stärker als die nicht eingedrungenen.

Die Untersuchung der aus den Tuben entnommenen Eier verlangt eine besondere Sorgfalt. Indem sie an einander kleben, bilden sie grössere Haufen, welche die Beobachtung erschweren. Die Ablösung der Eier von der Rhachis geht nicht so schnell vor sich, als man aus der Menge der im Uterus befindlichen Eier schliessen könnte, sie ist sogar zeitweilig ganz unterbrochen, denn bei manchen Exemplaren finden sich gar keine Eier in den Tuben.

Nun tritt das Ei in den Uterus; diese Abtheilung setzt sich gegen die Tuba sogleich durch eine Erweiterung ab, eine Erweiterung, welche nach der Vagina zu namentlich bei älteren Exemplaren bedeutend zunimmt. Ihre zottenförmigen Epithelzellen sind höher, sonst gleichen sich Tuba und Uterus vollkommen.

Die primäre Eihaut beginnt sich zu verdicken. Sie quillt frisch in Essigsäure noch auf, aber weniger als in der Tuba. Hat sie bereits eine gewisse Dicke erreicht, so erkennt man nach Behandlung mit Essigsäure (Taf. II. Fig. 3 u. 4) daran einzelne concentrische und radiale Streifen. Das Protoplasma liegt der primären Eihaut fest an, so dass die Streifen sehr wohl aus Protoplasma bestehen können. Sie haben für gewöhnlich den gleichen Brechungsindex wie die andere Substanz der Eihaut. Wenn aber die letztere durch die Essigsäure quillt, wird ihr Brechungsindex geringer und in Folge dessen treten die unverändert gebliebenen Protoplasmastreifen deutlicher hervor. Die primäre Eihaut ist ein Theil des Ei's und das Dickenwachsthum derselben geht von dem Ei selbst aus, wie ich schon früher in der Monographie der *Nematoden* annahm und wie auch Leuckart in seinem Parasitenwerk bestätigt.

Das Protoplasma, die Körnchen und die Lecithinkörper ändern sich zunächst nicht. Das Keimbläschen setzt aber seine amöboiden Bewegungen fort und verstärkt sie. Die bis jetzt mehr stumpfen Fortsätze werden feiner, strahlenförmig. Doch geht nicht die ganze Masse der Kernflüssigkeit in die feinen Fortsätze über. Ein Theil des Keimbläschens bleibt vereinigt und nimmt die bekannte Form der Spindel oder Tonne an. Entweder ist die Spindel gestreckt

 oder winkelförmig gebrochen (a). Die Oberfläche der Spindel und Tonne zeigt hier wie bekanntlich bei allen Thieren eine feine Streifung, welche von den Enden der Spindel strahlenförmig ausgeht und bis zur Mitte der Spindel verläuft. Die wahre Gestalt dieser Spindelstreifung ist bis jetzt niemals erkannt worden. Die Streifung wird bewirkt durch feine Längskanten, in welche sich die Spindeloberfläche erhebt. Diese Längsfalten sind nicht scharf begrenzt, sondern ihre Kanten gehen in verschiedene einfache oder verzweigte dünne Fortsätze aus. Von den Enden oder Spitzen der Spindel strahlen nach allen Richtungen feinere Fortsätze der Kernflüssigkeit aus. Diese beiden polaren Strahlenbüschel sind jedoch hier weniger ausgeprägt als z. B. bei *Hirudineen, Echinodermen etc.* Sieht man auf die Spitze der Spindel und stellt den Querschnitt derselben ein, so ist der Umriss derselben im Allgemeinen elliptisch, aber in Zacken ausgezogen. Eine Längsstreifung sieht man nur bei einer Längsansicht der Spindel. Durch Rollen eines Eis kann man den Querschnitt leicht in eine Längsansicht überführen. Taf. I. Fig. 6 u. 7 sind zwei Bilder, welche die Kernspindel in der Längsansicht und auf dem Querschnitt zeigen. Durch diese Beobachtung wird man sich zum erstenmal ein deutliches Bild der achromatischen — sich nicht färbenden — Spindel machen, eine Vorstellung, welche man aus allen bisherigen Beschreibungen nicht gewinnen konnte.

Die Kernsubstanz oder das Chromatin bildet (Fig. 6 seitlich, Fig. 7 von der Fläche gesehen) zwei längliche, etwas platte Körper, welche mit ihrer grösseren Fläche in dem mittleren Querschnitt der Spindel liegen. Diese beiden Körper sind meist noch durch einen parallel der Längsaxe der Spindel eintretenden Spalt getheilt (Fig. 7). Auch das Spermatozoon beginnt sich etwas zu ändern. Wenn dasselbe in der homogenen Modification eingedrungen war, so schwindet der stark lichtbrechende Theil und es geht wieder in die körnige Modification über. Die Umrisse des Spermatozoon bleiben aber nahezu dieselben.

Es bereitet sich jetzt die Bildung des Richtungsbläschens vor. Die Spindelfalten und Strahlenbüschel verschwinden dem Auge. Wie man aus dem Verhalten der Eier anderer Thiere und den folgenden Stadien bei *A. megalocephala* schliessen kann, werden die Fortsätze nur feiner, ohne dass der Zusammenhang des Kernes zerstört wird. Insbesondere wird der Nucleolus immer noch in einem zarten Hofe von Kernflüssigkeit liegen. Allein nachweisen lässt er sich hier zu dieser Zeit nicht (Fig. 8). Die Kernsubstanz vereinigt sich zu einem ellipsoidischen Körper, welcher aber zugleich die Neigung zur Zweitheilung zeigt. Er ist nämlich aus zwei Hälften zusammengesetzt, welche durch Balken mit einander zusammenhängen. Dieser Körper liegt, wie schon die Spindel vorher, an der Oberfläche des Protoplasma. Gleichzeitig bildet sich um das Protoplasma des Ei's ein heller Hof oder was dasselbe sagt, die körnerhaltige Dotterkugel zieht sich zusammen. Sowie diese Zusammenziehung bis zu einem gewissen Punkt gelangt ist, tritt der Nucleolus (Keimfleck) in einen auf dem Dotter sich erhebenden Hügel (Fig. 9). Dieser Hügel schnürt sich endlich ab und nimmt den halben Keimfleck in sich auf. Er bildet das sogenannte Richtungsbläschen. Während der Abschnürung hat sich der Nucleolus des Richtungsbläschens in mehrere, gewöhnlich vier, Kügelchen getheilt. Da wir angenommen haben, dass der Nucleolus in einem, wenn auch äusserst dünnen Hofe von Kernflüssigkeit liegt, wird dasselbe Verhältniss auch im Richtungsbläschen stattfinden und das letztere enthält demnach einen vollständigen Kern. Die helle Substanz, welche sich um den Dotter ausgeschieden hat, betrachtet man gewöhnlich als Flüssigkeit und hat sie Perivitellinflüssigkeit genannt. Dass die Substanz wasserreich ist, scheint mir unzweifelhaft. Allein sie enthält unzweifelhaft auch Protoplasma. Bei *Ascaris lumbricoides* scheint mir diese Schicht sogar ziemlich fest. Ich möchte sie deshalb lieber als Perivitellin bezeichnen. Es gehört dasselbe noch zum Ei und ist nicht als eine extracelluläre Substanz zu betrachten, denn die Eihaut wächst immer weiter und da das Ei mit der Uteruswandung nicht in Berührung steht, kann das Wachsthum nur durch Wirkung der Eizelle oder des komplizirteren zweizelligen Organismus, das sie jetzt geworden ist, stattfinden. Die Eihaut steht aber allein mit dem Perivitellin in Berührung.

Nachdem wir das Ei soweit verfolgt, können wir das Schicksal der einzelnen Theile gesondert betrachten.

Keimbläschen.

Während der Vorbereitung zur Bildung des Richtungsbläschens ist von der Kernflüssigkeit, wie schon bemerkt, nichts zu sehen. Sowie das Richtungsbläschen sich abgetrennt hat, sammelt sich sofort die Kernflüssigkeit wieder um die Kernsubstanz. Letztere bildet zwei längliche platte Körperchen (Taf. I. Fig. 10), welche mit einem Hofe von Kernflüssigkeit umgeben sind. Die Umrisse der letzteren sind unregelmässig in dicken, spitzen und stumpfen Zacken ausgezogen. Die Zacken senden bald feinere Strahlen aus, so dass 4—5 und mehr kleinere Strahlenbüschel entstehen, wie sie oben Holzschnitt S. 6 Fig. b abgebildet sind, bis sich schliesslich eine sehr kleine Spindel mit Strahlenbüscheln an den Polen ausbildet (Taf. I. Fig. 11). Auch diese Figur geht vorüber, die Strahlen ziehen sich ein, es bildet sich ein unregelmässiger, aber mit einfachen Umrissen versehener Hof, welcher zuletzt die Biscuitform annimmt (Taf. I. Fig. 12). Die Kernsubstanz liegt in Gestalt mehrerer Körnchen unregelmässig ohne eine Spur radiärer Anordnung in jeder der beiden Hälften. Endlich reisst die Verbindung der beiden Hälften und die zwei neuen Kerne nehmen eine kugelförmige Gestalt an (Taf. I. Fig. 13). Ehe nun eine Zweitheilung des Dotters erfolgt, vergrössern sich die beiden Kerne (Taf. I. Fig. 14). Von dieser gewiss nicht unwichtigen Thatsache kann man sich mit aller Bestimmtheit überzeugen, indem man leicht zwei Eier dieser Stadien neben einander liegend beobachten und aus den andern Eigenschaften sich überzeugen kann, dass die Eier mit den grösseren Kernen einem späteren Stadium angehören.

Weiter als bis zur Bildung zweier Kerne gelangen die Eier von *Ascaris megalocephala* nicht im lebenden Thiere. Nur wenn die Eier abgelegt oder die Mutter selbst todt ist, nimmt der Furchungsprocess seinen weiteren Verlauf.

Spermatozoon.

Während der Bildung des Richtungsbläschens verliert das Spermatozoon seine kegelförmige Gestalt (Fig. 8); seine Umrisse werden undeutlicher und im Innern zeigt sich ein grösserer heller Hof mit einem festen Körper in der Mitte, welchen man wohl als Kern in Anspruch nehmen darf. Nach der Vollendung der Bildung des Richtungsbläschens verliert sich auch diese Structur. Es bleibt nur noch ein Haufen einer feinkörnigen Substanz, welche sich in Essigkarmin tief roth gefärbt hat. Die Färbung wird immer undeutlicher, und wenn die Zweitheilung des Keimbläschens stattgefunden hat, ist kaum mehr ein Rest des Spermatozoon vorhanden. Für die Untersuchung dieses Stadiums ist die Aufhellung durch Nelkenöl sehr zu empfehlen. Die Anwendung von Canadabalsam verzerrt das Bild. Die Kernspindel wird schon durch Nelkenöl verzerrt und undeutlicher als in Glycerin. Allein die Umrisse des Spermatozoon treten möglichst klar hervor. Man kann sagen, dass sich das Spermatozoon wie ein Rhizopod nicht in Strahlen, sondern wie eine Wolke ausbreitet und dem Blick verschwindet. Es wird schwer halten, diesen Vorgang durch Abbildungen darzustellen. Nichts lässt sich bei diesen Vorgängen sehen, was an die von Hertwig und so vielen andern erwähnte angeblich von dem Spermatozoon ausgehende Strahlenbildung erinnert.

Dotter.

Die Lecithinkugeln und Körnchen schwinden während der Bildung des Richtungsbläschens. Der Dotter zieht sich immer mehr zusammen, während das Perivitellin zunimmt. Der Dotter ist jetzt fähig innerhalb des Perivitellin seine Gestalt vielfach zu verändern. Dies dauert bis die beiden Kerne gebildet sind, worauf er die Kugelform annimmt. Wenn die Zweitheilung des Kern's sich vollzogen hat, bildet sich um das Perivitellin eine neue sehr dünne Haut, die secundäre Eihaut. Das Perivitellin schwindet, wodurch die secundäre Eihaut Falten bildet und nun erst deutlich hervortritt (Taf. I. Fig. 14). Sie erhält sich bis zur Vollendung der Bildung des Embryo*).

Eihaut.

Beim Beginn der Bildung des Richtungsbläschens verdickt sich die primäre Eihaut stärker und sondert sich in zwei Schichten. Die innere dicke Schicht scheint homogen, ist aber wie schon erwähnt von concentrischen und radiären Spalten durchsetzt. Die äussere Schicht tritt zuerst auf in Form eines feinkörnigen Belages (Fig. 8). Der Belag wird dicker und nimmt schliesslich eine Form an, als ob eine in schmale Falten gelegte Lamelle über der homogenen Schicht liege (Taf. II. Fig. 3. 4). Setzt man zu frischen Eiern Essigsäure, so quillt die Lamelle stark auf, die Falten schwinden und zeigen die lamellöse und radiäre Structur sehr schön. Eier, welche in Alkohol oder Chromsäure gelegen, zeigen diese Structur und Quellungsfähigkeit nicht mehr. Schon in Wasser quillt diese äusserste Schicht, sie klebt äusserst fest an glatten Flächen z. B. Glaswänden an und lässt sich in Fäden ausziehen. Auch die Eier unter einander verbinden sich auf diese Weise.

Für die Erhaltung der Species ist diese Eigenschaft, welche übrigens auch *Ascaris lumbricoides* zukommt, von grosser Wichtigkeit. Dadurch werden die Eier einmal in der Nähe der Stelle, wo sie frisch abgelegt sind, also in der Nähe des Wirthes gehalten und so die Einwanderung erleichtert. Bringt man z. B. Eier dieser beiden *Ascaris*-Arten auf eine Glasplatte, so werden sie zum grossen Theil nicht mehr durch einen, selbst kräftigen Wasserstrahl entfernt. Sodann ist dadurch gesorgt, dass die Eier in grösseren Mengen zusammenbleiben. Da die Geschlechter getrennt sind, so würde es sehr ungünstig für die Erhaltung sein, wenn nur einzelne Eier in die Nährwirthe gelangten. Die *Ascaris* bleiben im Ei bis zum Larvenstadium, wie sich erkennen lässt an der abgestossenen Haut, in welcher sie stecken. Es ist deshalb wahrscheinlich, dass diese *Ascaris*species noch von der Eihaut umschlossen in den Magen ihrer Wirthe gelangen.

---

*) Eine Abbildung siehe Monographie der *Nematoden* Taf. XXIV. Fig. 13.

Cucullanus elegans (Taf. II. Fig. 5—14).

Diese Spezies bietet eine vorzügliche Gelegenheit zur Untersuchung der Phänomene der Kerntheilung, es ist Bütschli's*) Verdienst, diese Gelegenheit gefunden und benutzt zu haben. Die Präparate sind jedoch schwieriger herzustellen und zeigen die hier in Betracht kommenden Erscheinungen weniger deutlich als bei *Ascaris megalocephala*. Man zieht das Ovarium aus dem durchschnittenen *Cucullanus* und untersucht die Eier frisch oder wie es Bütschli gethan, in einer äusserst verdünnten Essigsäure, der man etwas Kochsalz zusetzen kann. In einem Exemplare finden sich höchstens 3—4 brauchbare Eier. Viele Exemplare enthalten überhaupt keine früheren Stadien. Man ist also darauf angewiesen die einzelnen Funde zu combiniren. Ich will jedoch nicht in Abrede stellen, dass man auch hier zu einer festen Ansicht gelangen kann. Die *Cucullanus* müssen frisch aus dem eben getödteten Barsch untersucht werden. War der Barsch einige Zeit todt oder haben die *Cucullanus* einige Zeit in Wasser gelegen, so treten Veränderungen der Eier ein, welche zu Irrthümern führen.

Die Eier hängen wie bekannt durch eine Rhachis zusammen, deren Stiele sehr dünn sind. Nach der Ablösung ist eine, wenn auch dünne primäre Eihaut vorhanden, das Keimbläschen ist rund und homogen, der Keimfleck, welcher in jüngeren Stadien vorhanden war, ist verschwunden. Die Eier gelangen in die Tuben und kommen dort mit den Spermatozoen zusammen. Dieselben sind helle sehr kleine Kugeln mit einem excentrisch stehenden Kern. Wenn das Spermatozoon eingedrungen ist, hat sich auch die primäre Eihaut verändert. Durch Essigsäure quillt sie jetzt stark auf. Das Keimbläschen wird amöboid und verschwindet zeitweise ganz. In dem Ei treten nun einzelne punktförmige stark lichtbrechende Körper auf, welche später die Aequatorialplatte der Kernspindel bilden. Bald sind sie zu einem, bald mehreren Haufen vereint. Die Kernflüssigkeit, welche hier, wenn sie überhaupt sichtbar ist, ziemlich fest zu sein scheint, bildet nun die Kernspindel in der gewöhnlichen Weise, zwei Strahlensysteme, welche durch eine Brücke verbunden sind, in welcher die erwähnten Körnchen zu einer Aequatorialplatte vereinigt liegen (Taf. II. Fig. 8).

Jetzt bereitet sich die Bildung des Richtungsbläschens vor, die Kernspindel schwindet. Ein homogener, eine Anzahl der punktförmigen Körnchen einschliessender platter Kern von elliptischer Gestalt tritt an die Oberfläche des Dotters. Nun trennt sich das Richtungsbläschen ab. Ob dasselbe aus Protoplasma und Kernsubstanz oder aus letzterer allein besteht, lässt sich, wie ich glaube, bei *Cucullanus* nicht mit Sicherheit entscheiden.

---

*) Bütschli, Vorläufige Mittheilung über Untersuchungen, betreffend die ersten Entwickelungsvorgänge im befruchteten Ei von *Nematoden* und Schnecken. Zeitschrift f. w. Zoologie. Bd. XXV. (März 1875.) Derselbe, Studien über die ersten Entwickelungsvorgänge der Eizelle, die Zelltheilung und die Conjugation der Infusorien. Abhandlungen der Senckenbergischen naturf. Gesellschaft. Bd. X. (1876.)

Mit der Abtrennung des Richtungsbläschens entsteht die secundäre Eibaut. Im Leben bleibt dieselbe fest auf dem Dotter liegen, da eine Ausscheidung von Perivitellin nicht stattfindet. Sie hebt sich aber durch Einwirkung von Essigsäure deutlich ab, indem dadurch künstlich eine Perivitellinausscheidung bewirkt wird. Auf den ersten Blick wird man leicht geneigt sein, die aufgequollene Substanz der primären Eihaut für das Perivitellin zu halten. Allein man wird sich leicht überzeugen, dass das Richtungsbläschen sich niemals von dem Dotter entfernt, sondern stets platt demselben anliegt, umgeben von der secundären Haut.

Nach der Bildung des Richtungsbläschens stellt sich der Rest derjenigen Anhäufung von Kernsubstanz, von welcher sich das Richtungsbläschen abschnürte, wieder mehr central. Er vergrössert sich, indem die Kernflüssigkeit, welche während der Abschnürung zum Theil strahlenförmig unsichtbar in dem Eiprotoplasma vertheilt war, sich wieder mit ihm vereinigt und einen Kern bildet, welcher dem ursprünglichen Keimbläschen an Grösse gleicht. Ich habe ein Stadium desselben gefunden, worin es eine zackige Oberfläche besitzt. Wenn die Einschnürung der Eizelle zur Zweitbeilung beginnt, findet sich in jeder Hälfte eine Anhäufung der Kernsubstanz, einen Amphiaster oder eine Spindel habe ich während dieses Vorganges nicht beobachtet. Bei der Zweitheilung bleibt die secundäre Eihaut eng an dem Dotter liegen und schnürt sich mit ihm ein ohne sich aber zu theilen (Fig. 11 u. 12). Auch bei den ferneren Theilungen bis zur Bildung einer einschichtigen Blastodermblase kann man noch die secundäre Eihaut erkennen.

Ich habe nur ein Richtungsbläschen erwähnt. Es ist aber wahrscheinlich, dass auch zwei entstehen können. Während gewöhnlich nach der Zweitheilung das Richtungsbläschen einer der Zellen anliegt, liegt mitunter jeder der beiden Zellen ein Richtungsbläschen an. Noch bei dem viergetheilten Dotter kann man die Richtungsbläschen erkennen. Allein ich sah immer nur ein oder zwei. Diese Beschreibung stimmt scheinbar nicht mit der Bütschli's überein. Es lässt sich aber zeigen, dass ich nicht nur die wesentlichsten von Bütschli abgebildeten Stadien ebenfalls gesehen, sondern auch noch einige mehr, welche zu einer anderen Auffassung des Theilungsvorganges führen.

Nach Bütschli besitzt das von der Rhachis abgelöste Ei zunächst keine Dotterhaut. Beim Durchgang durch die Saamentasche dringt ein Spermatozoon in das Ei, worauf eine Dotterhaut entsteht und der Keimfleck schwindet. Statt des letztern sah er „mehrfach ein aus sehr feinen Körnchen gebildetes Kreischen im Centrum des Keimbläschens und in seiner Umgebung eine Anzahl aus dunklen Körnchen aufgebauter feiner Stäbchen." In einem weitern Stadium war eine gestreifte Spindel mit einer mittleren Zone stärker lichtbrechender Körper (Kernplatte) vorhanden, welche zuerst der Oberfläche genähert, dann aus derselben heraustritt. Ist dies geschehen, bemerkt man häufig an dem einen Ende der Kernspindel ein Bläschen, welches wahrscheinlich die Umwandlung der Spindel in das Richtungsbläschen darstellt. In

2*

diesem Stadium ist das Spermatozoon noch zu finden. An der Stelle, wo sich das Richtungsbläschen gebildet hat, entsteht eine Anhäufung von hellem etwas grobkörnigen Dotter, welcher
sich als eine äussere lichte Zone über das ganze Ei ausbreitet. In dieser Zone entstehen
nun 4—5 neue Kerne. Dieselben verschmelzen wieder zu einem einzigen, welcher unter der
Erscheinung einer Kernspindel und Zellplatte sich theilt. Das Phänomen der Dotterstrahlung
(die strahlenförmige Vertheilung der Kernflüssigkeit nach meiner Auffassung) findet sich auch
bei *Cucullanus* obgleich in schwächerer Weise vor.

Von diesen Angaben Bütschli's will ich zunächst die Bildung der Eimembranen betrachten. Wenn Bütschli sagt: das Ei verlässt die Ovarien ohne Membran, nur durch
Einwirkung von Essigsäure hebt sich davon eine Membran ab, wie sich auch eine solche bei
der Bildung sogenannter anorganischer Zellen abhebe, so muss ich bemerken, dass sich an
den eben abgelösten Eiern auch ohne Einwirkung von Essigsäure die Membran zeigt und dass
die Essigsäure darauf keine Einwirkung ausübt. Ueber die Sichtbarkeit des Bildes einer
Membran lässt sich nicht streiten, nur darüber, ob man das Bild als ursprüngliche Membran
oder Kunstproduct auslegen will. Nach meiner Meinung ist auch der letztere Punkt unzweifelhaft.
Nach dem Eintritt der Spermatozoen tritt nach Bütschli eine Dotterhaut (meine primäre Eihaut)
auf, welche den Dotter in einem gewissen Abstand umgiebt. Bütschli hat übersehen, dass bei
frischen Eiern ein solcher Abstand nicht vorhanden ist, sondern die Dotterhaut dem Dotter anliegt,
und der von ihm mit vollem Recht abgebildete Abstand nur eine Folge der Quellung durch
Einwirkung der von ihm ja angewendeten Essigsäure ist *). Die secundäre Eihaut erwähnt
Bütschli nicht. Er hat sie aber deutlich abgebildet (Taf. III. Fig. 11 u. 14), sie ist für ihn
die Grenze jener lichten Zone, in welcher nach seiner Ansicht die neuen Kerne entstehen.
Jedenfalls stimmen wir darin überein, dass eine solche lichte Zone (die secundäre Eihaut) erst
nach der Bildung der Richtungsbläschen auftritt. Dieser Membran hat aber Bütschli keine
weitere Aufmerksamkeit geschenkt. Fig. 23 seiner Abhandlung stellt ein in der Zweitheilung be-
griffenes Ei dar, hier hätte er, wäre die Figur genau, eine Membran abbilden müssen. Dadurch,
dass diese secundäre Eihaut dem Dotter bleibend anliegt, kann auch das Richtungsbläschen sich
nicht von dem Dotter entfernen. Wäre die äussere helle Schicht, welche den Dotter in Folge der
Essigsäurewirkung umgiebt, Perivitellin, so würden die Richtungsbläschen darin schwimmen, wie
z. B. bei den Schneckeneiern, wo die Dotterhaut sich abhebt und eine Perivitellinschicht entsteht.

Bütschli's Angaben über die Veränderung des Keimbläschens bis zur Bildung des Richtungsbläschens habe ich, wie ich glaube, im Ganzen bestätigt, wenn auch vervollständigt,
allein die Neubildung von 4—5 Kernen kann ich nicht bestätigen. Wahr ist allerdings, dass
man mitunter ungetheilte Dotter findet mit 2 und 4 deutlichen Kernen (Taf. II. Fig. 13), ihre
primäre Eihaut quillt durch Essigsäure nicht. Sie sind so selten, dass ich nicht glauben kann,

---

*) Ich selbst habe früher (Monographie der *Nematoden*) diesen Umstand übersehen.

dass dieselben in die normale Entwickelungsreihe gehörten. In dem Uterus von *Cucullanus* kommen häufig pathologisch veränderte Eier vor. Sie entstehen in verschiedener Weise. Wenn der Wurm älter ist und viele schon fast reife Embryonen enthält, gehen alle jüngeren Eier, selbst wenn sie schon ziemlich weit und nahe daran sind die Wurmgestalt anzunehmen, unter, die Zellen werden kuglig und trennen sich. Dieser Art sind jedoch die oben erwähnten, von Bütschli und nun von mir abgebildeten nicht. Es kommt noch eine zweite Art vor, welche sich während der Zeit bildet, wo das schon geschlechtsreife Weibchen noch nicht begattet ist. In dieser Zeit lösen sich bereits Eier ab, welche auch Veränderungen durchmachen. Sie finden sich noch im Uterus vor, wenn die Begattung stattgefunden. Zu diesen scheinen mir nun diese Eier mit mehrfachen pathologisch veränderten Kernen und ungetheiltem Dotter zu gehören.

Die Neubildung der Kerne wird schon dadurch widerlegt, dass die Zone, in welcher Bütschli dieselbe stattfinden lässt, in Wahrheit nicht besteht, sondern nur das durch Einwirkung der Essigsäure künstlich austretende Perivitellin ist.

Nematoden des Frosches.

In einer älteren Periode der Wissenschaft sind gerade diese *Nematoden* in Bezug auf den Furchungsprozess vielfach untersucht worden und von grosser Bedeutung für unsere Anschauungen gewesen. Ich übergehe jedoch die früheren Arbeiten und berücksichtige nur diejenigen, welche seit dem Erscheinen meiner ersten Untersuchungen über diesen Gegenstand (1873) veröffentlicht worden sind. Auerbach[*]) beschrieb diese Vorgänge bei *Leptodera nigrovenosa*[**]) und *Strongylus* in folgender Weise. Das Ei hat beim Verlassen des Ovarium noch keine Haut. Nach der Befruchtung verschwindet das Keimbläschen spurlos. Nachdem sich eine Dotterhaut gebildet, tritt im Dotter an den beiden Polen je ein heller Fleck auf, welcher sich zu einem Kern ausbildet. Die beiden Kerne rücken nach dem Mittelpunkt und verschmelzen. Dieser ausgebildete Kern zieht sich in die Länge. Indem sein Kernsaft austritt, bildet derselbe um den Kern einen hellen, ebenfalls längsgestreckten Raum, welcher an seinen Enden sonnenförmig in Strahlen ausläuft. Der Kern selbst verschwindet. Den länglichen Raum mit den beiden Sonnen nennt Auerbach die karyolytische Figur. Innerhalb derselben, an zwei symmetrisch liegenden Punkten des länglichen Raumes entstehen wieder zwei neue Kerne, welche unter Verschwinden der karyolytischen Figur in die zwei ersten Furchungskugeln übergehen.

Für *Leptodera nigrovenosa* hat Brandt[***]) der Darstellung von Auerbach wider-

---

[*]) Auerbach, organologische Studien, Heft II. 1874 (Vorrede datirt October 1874).
[**]) Diese Species wird von den verschiedensten Schriftstellern immer wieder als *Ascaris nigrovenosa* bezeichnet. Zu *Ascaris* kann man dieselbe unmöglich stellen. Einige Kenntniss von den Fortschritten der Systematik sollte man doch nehmen.
[***]) Brandt, Ueber die Eifurchung von *Ascaris nigrovenosa*. Zeitschrift f. w. Zoologie. Bd. XXVIII. S. 365.

sprochen. Allein seine eigne Beschreibung genügt keineswegs. Sie nimmt auf sehr wesentliche Punkte, das Schicksal der Nucleoli und die Bildung des Richtungsbläschens keine Rücksicht. Das Ei von *L. nigrovenosa* enthält sehr viele Protoplasmakörnchen, welche den Dotter im frischen Zustande undurchsichtig machen. Schwache Essigsäure und essigsaures Karmin bewirken keine Aufhellung, starke Lösungen wieder verwischen alle Unterschiede. Fern sei es von mir zu bestreiten, dass man bei Anwendung starken Druckes nach der von Auerbach angewandten Methode die von ihm abgebildeten Figuren sieht. Ich selbst habe sie deutlich und überzeugend nie gesehen. Ich betrachte diese Species überhaupt als ungeeignet, um Resultate für die Befruchtung und Eitheilung zu erhalten. Bei *Strongylus auricularis* und *Leptodera nigrovenosa* ist es Mayzel*) allerdings gelungen, eine Kernspindel durch Anwendung von Essigsäure und Glycerin nachzuweisen. Bei *Nematoxys commutatus* habe ich auf demselben Wege das Stadium, welches der Bildung des Richtungsbläschens vorausgeht, dargestellt. Diese durch Essigsäure und Glycerin dargestellten Bilder sind jedoch nicht identisch mit den von Auerbach beschriebenen, wie ich ausdrücklich hervorheben muss. *Strongylus auricularis* und *Nematoxys commutatus* würden sich sehr wohl zu einer eingehenden Untersuchung eignen.

Heterakis inflexa (Taf. I. Fig. 15—18).

Aus den in Alkohol aufbewahrten Exemplaren der Sammlungen dürften sich noch vielfach gute Präparate herstellen lassen. Meine Versuche sind jedoch nicht von besonderem Glück begünstigt gewesen. Nur in einem Falle kann ich Resultate berichten, nämlich bei einer *Heterakis* aus *Tetrao urogallus*, wahrscheinlich *H. inflexa*.

Die Eier besitzen bei der Ablösung von der Rhachis eine dünne Haut, einen mit vielen Protoplasmakörnchen versehenen Dotter, ein ellipsoidisches mit Membran und einem Nucleolus versehenes Keimbläschen. In der Tuba findet man Eier, deren Keimbläschen verschwunden ist, und welche dafür mehrere Kugeln mit Körnchen zeigen. Ich vermuthe, dass es die Spermatozoen und vielleicht auch Theile des amöboid verzweigten Keimbläschens sind. Weiterhin (Fig. 17) verdickt sich die Dotterhaut, die Gestalt des Eies wird länglich. Das Keimbläschen erscheint wieder und ist mit zwei Keimflecken versehen. Die angeblichen Spermatozoen sind verschwunden, dagegen findet sich in der Mitte der Eier ein länglicher nicht ganz scharf begrenzter Körper, welcher sich durch Essigkarmin tiefer färbt als der Dotter und welcher vielleicht aus den Spermatozoen hervorgegangen ist. Auf einem weitern Stadium ist die Eihaut dicker geworden, der durch Essigkarmin gefärbte Körper besteht noch, das Keimbläschen ist homogen sowie stärker lichtbrechend geworden und an den einen Pol des Ei's gerückt. Weitere Veränderungen gehen die Eier, welche innerhalb des Uterus in grosser Menge vorhanden sind, nicht ein. Das Ei bleibt also hier im Uterus auf dem Punkte stehen, welcher der Ablösung des Richtungsbläschens vorhergeht.

---

*) Mayzel, Ueber die Vorgänge der Segmentation bei Würmern *(Nematoden)* und Schnecken. Zoologischer Anzeiger. 1879. S. 280.

Chätopoda (Taf. II. Fig. 24.)

Das Ei von *Tubifex* besitzt im Ovarium eine Haut und ein rundes Keimbläschen mit Keimfleck. Der Dotter ist auf einem früheren Stadium nur mit feinen in Essigsäure unlöslichen Protoplasmakörnchen erfüllt. Mit dem Wachsthum des Eis treten scharf conturirte kugelförmige homogene Körper verschiedener Grösse darin auf, welche sich in Essigsäure lösen, also sich wohl als Lecithin bezeichnen lassen. In Eiern, welche reif zur Ablage, aber sich noch in den Ovarien befinden, hat sich das Keimbläschen in eine Kernspindel verwandelt. Die Spindel ist cylindrisch, auf ihrer Oberfläche zart gestreift. Von den Polen der Spindel gehen Ausläufer aus, welche meist nach dem entgegengesetzten Pol der Spindel bis über die Mitte derselben laufen. Andere aber kürzere Strahlen gehen auch in einer zur Spindelaxe senkrechten Richtung ab. In der Aequatorialebene der Spindel stehen eine Menge feiner stark lichtbrechender Körnchen, welche selbst unter starker Vergrösserung keine ausgezeichnete Gestalt erkennen lassen. Durch Färbungsmittel, auch durch Essigkarmin findet keine Färbung weder der Aequatorialplatte noch der Kernspindel statt. Das Eindringen der Spermatozoen habe ich nicht beobachten können. In dieser Gestalt wird das Ei abgelegt in den bekannten Cocons, welche man in der Umgebung geschlechtsreifer *Tubifex* so leicht findet. Die Cocons schliessen 6 - 8 Eier ein. Der Furchungsprocess verläuft bei *Tubifex* in der Art, dass sich ein kleiner Theil des Dotters abtrennt, wobei ein Endstück der Kernspindel nebst einem Theil der Aequatorialplatte in den abgetrennten Theil tritt. Ist diese Theilung beendet, so bildet sich senkrecht zur ersten Theilungsebne eine zweite Theilungsebne. Die Spindel hat sich vorher senkrecht zur zweiten Theilungsebne gestellt und die Gestalt angenommen, welche sie in dem ungetheilten Ei besass.

Ein Richtungsbläschen entsteht nicht, wenigstens habe ich bei sorgfältiger Untersuchung weder das Bläschen selbst, noch eine Hindeutung auf die vorbereitenden Stadien finden können. Ebensowenig wird Perivitellin ausgeschieden. Es ist vorhanden, bleibt aber in den Furchungszellen und dem Embryo. Wenigstens deute ich mir so die Beobachtungen, über welche ich nun berichten will. Wenn man die Cocons öffnet und die Eier mit Essigsäure behandelt, so tritt selbst bei Anwendung sehr verdünnter Säure eine plötzliche Veränderung des Dotters ein. Es scheidet sich eine helle Substanz um den Dotter aus, indem sich der die Körnchen und den Kern enthaltende Dotter auf eine centralgelegene Kugel zusammenzieht. Eine auffallende Ausdehnung der Dotterhaut findet dabei nicht statt. Dieser, der Ausscheidung des Perivitellin ähnliche Vorgang findet bei allen in den Cocons befindlichen Eiern statt, auf welchem Stadium der Furchung sie sich befinden, ja selbst dann, wenn sich der wurmförmige Embryo gebildet hat.

Lässt man die Essigsäure auf die ungeöffneten Cocons wirken, so tritt diese Perivitellinbildung nicht ein. Lässt man die Cocons längere Zeit in Essigsäure liegen, so werden die Eier heller, die Kerne aber lassen sich nicht mehr erkennen. Dass die Eier sich in dem Cocon unter einem sehr starken Druck befinden, erkennt man beim Aufschneiden an der starken Spannung der äussern Membran des Cocons. Vermuthlich ist es nöthig, dass die Dotterhaut sich ein wenig ausdehnt wenn das, Perivitellin austreten soll und diese Ausdehnung wird durch den Druck gehindert.

Eine eigenthümliche Erscheinung beobachtet man in den Furchungskugeln nach der Zwei- und Viertheilung. In der Mitte derselben tritt durch Essigkarmin ein homogener, tiefer gefärbter Fleck hervor, welcher nicht mit dem Kern zu verwechseln ist. Man muss die Eier aus dem Cocon befreit haben, ehe man dieselben in Essigkarmin legt. Es wäre zu untersuchen, ob diese Flecke von den Spermatozoen herrühren.

Es wäre somit das Ei von *Tubifex* ein Beispiel der Entwickelung ohne Perivitellinaus-scheidung und ohne Richtungsbläschen. Dass bei andern *Chätopoden* die Furchung verläuft, ohne dass sich der Dotter von der Dotterhaut trennt, dafür sprechen Beobachtungen, welche ich vor längerer Zeit veröffentlicht habe. In den frühesten Stadien der Entwickelung einiger *Anneliden* [*] treten die Wimpern unmittelbar durch feinere Poren der Eihaut. Es lässt sich deshalb annehmen, dass in diesem Falle der Dotter sich nicht von der Eihaut zurückgezogen hat, also Perivitellin sich nicht bildet. Dass diese Eihaut zur Haut des defi- nitiven Thieres wird, ist darum aber nicht anzunehmen. Auch bei *Tubifex* ist das nicht der Fall. Das Perivitellin tritt bei *Tubifex* nach Essigsäurezusatz durch die Körperhaut der Em- bryonen hindurch nach Aussen.

Die Kernspindel der Ovarialeier ist bereits von Ratzel [**] abgebildet worden. Aus der Sorgfalt mit der die ganze Arbeit verfasst ist, lässt sich schliessen, dass auch diese Abbildung genau angefertigt worden ist. Trotzdem weicht sie von der unsrigen ab, man kann daraus ersehen, wie sich die Mikroskope seit jener Zeit verbessert haben.

Die Vorgänge der Furchung bei Eiern der *Chätopoden* sind in neuerer Zeit sehr eingehend von Schenk [***] bei *Serpula* beschrieben worden. Danach bildet sich dort nach der Befruchtung ein Richtungsbläschen und der Dotter macht lebhafte Contractionen, wodurch ein Raum zwischen Dotter und Dotterhaut entsteht. Zur Bildung von Perivitellin scheint es aber nicht zu kommen, da sich der Dotter noch vor der Furchung wieder an die Dotterhaut anlegt. Das Keimbläschen macht bald nach dem Eintritt des Ei's in das Meerwasser, wie Schenk annimmt, in Folge der Befruchtung amöboide Bewegungen. Vor dem Beginn der Zweitheilung hat Schenk das Phänomen der Strahlung beobachtet.

[*] A. Krohn und A. Schneider, Ueber *Annelidenlarven mit porösen Hüllen*. Reichert und du Bois, Archiv für Anatomie und Physiologie. Jahrgang 1867. S. 498.

[**] F. Ratzel, Beiträge zur anatomischen und systematischen Kenntniss der *Oligochäten* Zeitschrift f. w. Zoologie. Bd. XVIII. (1868.) S. 561. Taf. XLII. Fig. 5.

[***] Schenk, Entwickelungsvorgänge im Eichen von *Serpula* und der *Ascidien*. Sitzungsbericht der Wiener Akademie mathematisch-naturwissenschaftliche Abtheilung. Bd. LXX. Abtheilung III. Jahrgang 1874. S. 287.

Plathelminthes.

Mesostomum Ehrenbergii (Taf. III. Fig. 1—11).

Die von mir über diesen Gegenstand (1873 April) veröffentlichten Beobachtungen sind in einem Aufsatz enthalten, welcher in dem Jahresbericht der Oberhessischen Gesellschaft für Natur und Heilkunde steht. Eine grosse Anzahl von Separatabdrücken sind theils in der üblichen Weise verschenkt, theils im Buchhandel verkauft worden, so dass die Verbreitung dieser Schrift eine sehr schnelle und allgemeine war. In den allen Naturforschern bekannten Catalogen der Berliner Buchhandlung Friedländer & Sohn haben die Separatabdrücke von den ersten Wochen ihres Erscheinens an zu einem billigen Preise angezeigt gestanden. Ich erwähne dies, weil mehrere Schriftsteller angeben, dass sie sich diesen Aufsatz nicht haben verschaffen können. Um allen Wünschen zu genügen, erlaube ich mir die darauf bezügliche Stelle hier nochmals abdrucken zu lassen. Dies wird um so eher entschuldigt werden, als ich glaube mich kurz gefasst zu haben.

„Das reife Ei besitzt einen grossen von einer Flüssigkeit erfüllten Kern und einen Nucleolus, welcher wieder einen kleinen von Flüssigkeit erfüllten Raum enthält. Nachdem die Samenfäden in das Ei gedrungen sind, beginnt der Kern sich zu verändern. Seine Umrisse verschwinden scheinbar und es bleibt nur der Kernkörper sichtbar. Allein auf Essigsäurezusatz waren auch die Umrisse des Kernes sichtbar und zwar erscheinen sie vielfach gefaltet und verbogen. Endlich verschwindet auch der Nucleolus und der ganze Kern hat sich in einen Haufen feiner, lockig gekrümmter, nur auf Zusatz von Essigsäure sichtbar werdender Fäden verwandelt. An Stelle dieser dünnen Fäden treten endlich dicke Stränge auf, zuerst unregelmässig, dann zu einer Rosette angeordnet, welche in einer durch den Mittelpunkt der Kugel gehenden Ebene (Aequatorialebene) liegt. Dem Anschein nach bilden diese Stränge den Umriss einer flachen, vielfach eingebuchteten Blase; indess überzeugt man sich bei genauerer Ansicht, dass ihr Contur an den inneren Winkeln der Zipfel vielfach unterbrochen ist. Die in dem Ei befindlichen Körnchen haben sich in Ebenen gruppirt, welche sich in einer senkrecht auf die Aequatorialebene und in deren Mittelpunkt stehenden Linie schneiden (Meridianebenen). An dem frischen Ei ist von dieser Anordnung wenig zu sehen, da der Brechungscoefficient der Stränge und Körnchen fast dem des Protoplasma gleicht. Durch Zusatz von Essigsäure heben sie sich aber kräftig ab. Wenn die Zweitheilung beginnt, haben sich die Stränge vermehrt und so geordnet, dass ein Theil nach dem einen Pol,

3

der andere nach dem andern sich richtet. Endlich schnürt sich das Ei ein und die Stränge treten in die Tochterzellen. Die Reihen der Körnchen strecken sich in die Länge und lassen sich aus der einen Zelle in die andere verfolgen. Die polare Anordnung der Körnchen findet man bekanntlich auch beim Furchungsprocess der *Ascidien* und Seeigel.

Nach Vollendung der Zweitheilung löst sich der strangförmige Kern auf und ein bläschenförmiger, mit feinen Granulationen erfüllter Kern tritt wieder an die Stelle. Wenn die Theilung weiter fortschreiten soll, macht jeder Kern und die Zelle von neuem dieselbe Veränderung durch wie bei der Zweitheilung und auf diese Weise wird die Eizelle in einen Haufen von Zellen mit granulirtem Kern verwandelt, aus welchen sich schliesslich der Embryo aufbaut. Bis zur Viertheilung sind die Dotterzellen noch hinreichend durchsichtig, um alle Veränderungen im unverletzten Ei zu erkennen. Von da ab muss man die Eihülle sprengen und die Zellen ausfliessen lassen. Man findet dann in jedem Ei Zellen auf den verschiedensten Stufen, da schon die Viertheilung an den beiden Mutterzellen nicht gleichzeitig eintritt. Niemals aber findet man Zellen mit granulirtem Kern in Theilung, da derselbe vorher immer eine Metamorphose eingehen muss.

Diese Beobachtungen geben uns einen schon längst erwünschten Aufschluss über die Zelltheilung und besonders den Furchungsprocess. Sie zeigen uns zum erstenmal deutlich, welche umständliche Metamorphose der Kern (das Keimbläschen) bei der Zelltheilung eingehen kann. Diese Metamorphose ist offenbar nicht bei jeder Zelltheilung nothwendig, aber sehr wahrscheinlich tritt sie immer dann ein, wenn der Kern scheinbar verschwindet. Wäre hier der Kern nicht zufällig gross und die Zelle durchsichtig, so würde man wahrscheinlich auch annehmen, dass wie in anderen Fällen der Kern verschwindet."

Die andern Angaben, welche das Vorhandensein dieser Kernfiguren im Eierstock, in den Hoden, in indifferenten Körperzellen, im Ei von *Distoma cygnoides* feststellen, will ich für jetzt übergehen. Als ich meine Beobachtungen veröffentlichte, glaubte ich ihnen einen solchen Grad der Vollendung gegeben zu haben, dass man sie wohl in die Wissenschaft aufnehmen konnte. Hoffentlich wird man anerkennen, dass dieselben nicht unvollkommener waren, als selbst diejenigen, welche eine Reihe von Jahren danach erschienen sind *) und dass mir auch

---

*) Damit der Leser ein unbefangenes Urtheil über die Geschichte dieses Gegenstandes sich bilden kann, welche früher sehr verdunkelt, jetzt aber von Flemming und Mark, wie ich rühmend anerkenne, wahrheitsgetreu dargestellt worden ist, lasse ich hier den vollen Inhalt der Angaben über diesen Gegenstand folgen, welche zuerst nach meinen oben abgedruckten Mittheilungen, und zwar im November 1873 erschienen. Es sind die Angaben Fols über das Ei von *Geryonia fungiformis*. (H. Fol, Die erste Entwickelung des *Geryonideneies*. Jenaische Zeitschrift für Medizin und Naturwissenschaft. Bd. VII. S. 471.) Seite 473 heisst es:

„Furchung oder die Zweitheilung.

Etwa eine Stunde nach seiner Ausstossung treten die ersten Veränderungen im Ei auf. Zunächst wird die Eikern oder das Keimbläschen heller, verschwommener; seine Gestalt wird unregelmässig und ändert sich vielfach. Nach einigen Secunden verschwindet dieses Gebilde gänzlich vor dem bewaffneten Auge. Setzen wir aber gerade in diesem Augenblicke etwas Essigsäure hinzu, so kommt der Rest, gleichsam nur eine Andeutung des früheren Kernes, wieder zum Vorschein

die Tragweite meiner Entdeckung wohl bewusst war. Dass die Ausdrucksweise der spätern Autoren gewandter, dass der Inhalt und Umfang dieses Gegenstandes durch das Zusammenwirken so vieler ausgezeichneter Forscher allmählich sich so bedeutend gestaltet hat, bedarf meiner Anerkennung nicht mehr.

Ich habe diesen Gegenstand vor mehreren Jahren wieder aufgenommen und glaube jetzt noch eingehendere und durch bessere Abbildungen erläuterte Mittheilungen machen zu können. Die Eier von *M. Ehrenbergii* sind bekanntlich zweierlei, dickschaalige Wintereier, welche sich langsam, und dünnschaalige Sommereier, welche sich schnell entwickeln. Die letztern treten aus dem Eierstock in den Uterus, wo sie mit Sperma zusammentreffen und von einer Schicht Dotterzellen umhüllt werden, welche nach Aussen eine dünne Membran-Schaale ausscheiden. Um sich die Eier in den frühsten Stadien zu verschaffen, isolirte ich solche junge *Mesostomen*, welche nahe der Ablösung der Eier sind. Man kann sich schon mittelst einer starken Loupe überzeugen, ob Eier in den Uterus getreten sind. Je weniger Eier sich im Uterus befinden, um so gewisser ist man die jüngeren Stadien, auf welche es uns ankommt, zu finden. Mittelst der Nadel kann man sich die Eier auf einen Punkt des Objectglases zur bequemen Beobachtung sammeln. Ich muss bemerken, dass diese Vorbereitung nicht ganz mühelos ist. Manches sieht man bei einiger Uebung schon durch die Dotterzellen hindurch. Es ist aber auch nicht selten, dass die Schaale frischer Eier platzt und das Ei isolirt vor uns liegt. Alle Eier auf Taf. III. sind mit Hinweglassung der Dotterzellen gezeichnet.

Das Ei ist auf dem jüngsten Stadium (Fig. 1) ellipsoidisch mit einem relativ grossen ebenfalls ellipsoidischen Keimbläschen und grossen kugelförmigen Keimfleck. Der Dotter ist sehr durchsichtig mit etwas dunkleren Körnchen sparsam gefüllt. Die Dotterhaut ist sehr dünn. Die eingedrungenen Spermatozoen 3—4 an Zahl liegen unregelmässig im Ei, nicht immer so, wie ich Fig. 1 gezeichnet habe, um das Keimbläschen gewunden. Im folgenden Stadium Fig. 2 hat sich um das Ei eine deutliche Membran gebildet, das Ei nähert sich mehr

(Taf. XXIV. Fig. 2n). Auf beiden Seiten dieser Kernüberbleibsel zeigen sich zwei Protoplasmaanhäufungen, deren dicht angesammelte Körnchen zwei regelmässige sternförmige Figuren darstellen (Taf. XXIV. Fig. 2h). Die Strahlen dieser Sterne werden durch die in geraden Linien aneinander gereihten Körnchen gebildet. Mehrere solche Linien reichen von einem Stern oder Anziehungscentrum in einem Bogen zum andern, indem sie die Reste des Keimbläschens umfassen. Das ganze Bild ist äusserst klar und deutlich und erinnert lebhaft an die Art und Weise, wie ausgestreuter Eisenstaub sich um die beiden Pole eines Magneten anordnet. An den Rändern gehen die Strahlen allmählich einerseits in das dünnere Protoplasmanetz des Endoplasmas, andererseits in das dichte Ectoplasma über.

Hätten wir mit dem Zusatz des Reagens noch einige Secunden gewartet, so hätten wir vom Keimbläschen keine Spur mehr angetroffen (wie auf der Taf. XXIV. Fig. 11 hh). Die Sterne sind dann schon weiter auseinander gerückt, zeigen aber immer noch die gleiche Beschaffenheit. Sie sind auch ohne Essigsäurezusatz, jedoch sehr undeutlich, sichtbar. Jetzt fängt die erste Furchung oder Zellentheilung an.

Wie schon bemerkt, liegt das Keimbläschen an der Peripherie des Eies auf der Grenze zwischen Rinden- und Mark-Substanz. Es bildet sich nun an der Oberfläche eine Rinne, genau oberhalb der Stelle, wo der Kern lag und senkrecht auf eine Linie, die wir uns durch beide Sterne geführt denken können. Indem sich die Linie vertieft, trennt sie die beiden Sterne von einander."

3*

der Kugelgestalt. Das Keimbläschen beginnt sich amöboid zu verändern, indem es länger und dünner wird und stumpfe Fortsätze entsendet. Die Spermatozoen beginnen zu zerfallen. Die Stücke lassen sich durch ihre scharfe Lichtbrechung noch erkennen. Die Stücke liegen theils im Kern, theils in dem Dotter. Auf einem weiteren Stadium sind die Spermatozoen und ihre Theilstücke nicht mehr zu erkennen (Fig. 3). Der Keimfleck tritt in einen Fortsatz des Bläschens. Noch später (Fig. 4) sind sowohl an frischen Eiern, wie an solchen, die mit sehr verdünnter Essigsäure behandelt sind, die Umrisse des Keimbläschens nicht mehr zu erkennen. Dagegen treten einzelne auf Zusatz von Essigsäure scharf conturirte Körper hervor (Fig. 5). Diese Körper werden länger und grösser und bilden schliesslich einen zusammenhängenden Faden, welcher vielfach gewunden ist. Die äussere Fläche dieses Knäuels ist kugelförmig, doch lässt sich ein kugelförmiger Raum, in welchem der Faden liegt, nicht unterscheiden (Fig.5). Der gewundene Faden stellt sich nun in (Fig. 6) in eine äquatoriale Ebne des Eis, seine Windungen bilden eine Rosette wie die Ränder einer etwa siebenblättrigen Blumenkrone. Die Zahl der Blätter ist nicht immer gleich. Der Faden ist mehrfach unterbrochen. Zu dieser Zeit entstehen auch in den zu der Aequatorialebne der Platte gehörenden Polen die Strahlen des Achromatin oder der Kernflüssigkeit. An dem frischen Ei sind sie direct nicht erkennbar. Sie zeigen sich aber indirect durch die Anordnung gewisser Körnchen. Es sind nämlich auf diesem Stadium sehr kleine kugelrunde Lecithinkörner entstanden. Dieselben stehen in ziemlich regelmässigen Meridianen (Fig. 10). In dem Pol steht eine kreisförmige Figur, welche sich wie ein mit Flüssigkeit gefüllter Raum ausnimmt. Setzt man verdünnte Essigsäure zu, so schwinden die Körnchen und es treten nun die Strahlen der Kernflüssigkeit auf (Fig. 6). Nur sehr verdünnte Essigsäure (schon 1 % und noch schwächer) zeigt diese Strahlen, stärkere Essigsäure zerstört sie. Die Lecithinkugeln haben in dieser Zeit eine schnell schwingende Bewegung, bei der sie nur wenig ihre Gleichgewichtslage verlassen. Die gewundenen Fäden beginnen nun eine andere Stellung einzunehmen. Die eine Spitze der Rosette stellt sich in den einen Pol und die nächste Spitze in den andern Pol, ohne dass der Zusammenhang des ganzen Fadens oder Stranges unterbrochen würde. In der Aequatorialebne würden die Stränge oder Fäden, wenn sie ihre Hauptrichtung beibehalten, unter einem stumpfen Winkel zusammenstossen, aber der Winkel ist nach aussen noch besonders spitz ausgezogen. In diesen Knickungen, welche sich wie Anschwellungen ausnehmen (Fig. 7), bricht endlich der Faden, und die winkelförmigen Stücke entfernen sich (Fig. 8) von dem Aequator. Endlich bildet sich um den Aequator der Zelle eine Einschnürung, welche die Eizelle in zwei theilt. Die Achromatinstrahlen und die Lecithinmeridiane halten sich bis zur Trennung (Fig. 9). Die Theilung erstreckt sich auch auf die Eihaut.

Ein Richtungsbläschen bildet sich bei diesem Ei nicht. Perivitellin scheidet sich nicht ab, bildet sich aber. Wenn man Eier schon auf dem Stadium Fig. 4 mit verdünnter Essigsäure behandelt, so zieht sich der Dotter zusammen und scheidet zwischen sich und der Eihaut eine helle Substanz aus.

Die Stadien zeigen immer noch einige Lücken, was bei der Schwierigkeit, welche die Beschaffung des Materials bietet, nicht wundern wird. Da das Richtungsbläschen an vielen der beobachteten Stadien hätte gefunden werden müssen, so halte ich für bewiesen, dass es überhaupt fehlt. Einen Raum, welcher der Spindel entspräche, ein nicht in Strahlen aufgelöstes Stück des Kernes, welches die Kernsubstanzfäden umschliesst, habe ich nicht beobachtet, doch glaube ich dasselbe nur übersehen zu haben, weil es vielleicht sehr klein ist. Die polaren kreisrunden Räume sind jedenfalls Theile desselben.

Bei meinen früheren Untersuchungen habe ich die Strahlen der Kernflüssigkeit (Achromatin) und die Reihen der Lecithinkügelchen (Taf. III. Fig. 10 dieses Werkes), nicht streng aus einander gehalten.

Nephelis (Taf. IV u. V).

Systematisches.

Systematiker pflegen der Meinung zu sein, dass anatomische und physiologische Untersuchungen der Erweiterung unserer systematischen Kenntniss schädlich sind. Ich möchte gerade das Gegentheil behaupten. Anatomische und physiologische Untersuchungen versetzen uns, wenn ich wenigstens nach meinen Erfahrungen urtheilen soll, fast immer in die Nothwendigkeit die Systematik, die man schon abgeschlossen glaubte, nochmals in die Hand zu nehmen. Moquin Tandon*) führt von *Nephelis* eine Species auf, *N. octoculata*. Es ist mir nicht bekannt, dass eine zweite Species aus Europa beschrieben worden ist. Ich wurde deshalb sehr überrascht, als ich die Vorgänge der Eientwickelung in zwei aufeinander folgenden Jahren sehr verschieden fand. Dadurch zu weiterer Untersuchung veranlasst, stellte sich heraus, dass ausser einer *N. octoculata* noch eine zweite Species, *N. sexoculata* existirt. *Nephelis octoculata* (Taf. IV. Fig. 2) hat jederseits vier Augen, welche in den Ecken eines Parallelogramms stehen, dessen spitzer Winkel nach innen und vorn gerichtet ist. Die vorderen Augen sind grösser. Der Querschnitt des contrahirten Körpers bildet eine halbe Ellipse. Der Grund der dorsalen Körperfläche hat eine schwärzliche Farbe. Darauf zieht längs des Randes ein grünlicher oder gelber Streif, welcher durch breitere, aus länglichen Flecken bestehende breite Querbinden verbunden ist. Der Raum zwischen den Querbinden entspricht einem Segment. Zwischen zwei breiteren Querbinden stehen vier schmälere ebenso gefärbte Querstreifen. Die Bauchseite ist von gleicher Farbe wie die Streifen. Körpergrösse des geschlechtsreifen Thieres 30—50 cm.

*) Moquin Tandon. *Monographie des Hirudinées*. Paris 1846.

Nephelis sexoculata (Taf. IV. Fig 4). hat jederseits drei Augen, welche in den Ecken eines spitzwinkligen gleichschenkligen Dreiecks stehen, dessen Spitze nach vorn gerichtet ist. Das vordere Auge ist grösser. Der Querschnitt des contrahirten Körpers (c) spindelförmig. Farbe des Körpers braunroth.

Vor Kurzem hat Isao Jijima*) von der Universität Tokio, Untersuchungen über die ersten Veränderungen des Ei's von *Nephelis* veröffentlicht. Ich kann mir nicht versagen dieser Arbeit, als einer der ersten Früchte der Einführung unserer Wissenschaft in Japan, ein freudiges Willkommen zuzurufen. Jijima hält die von ihm benutzte Species für eine Varietät der von Moquin-Tandon beschriebenen. Viele seiner Angaben weichen so erheblich von den bei unserer deutschen Species gefundenen ab, dass ich diese japanesische Species für eine neue halten muss.

Biologisches.

Die Lieblingsnahrung von *Nephelis* ist *Tubifex*, in deren Nähe man sie auch meist findet. Wie Hertwig angiebt, fressen die Thiere gern ihre eigenen Cocons, man kann dies durch reichliche Fütterung verhindern.

Die Begattung beginnt damit, dass sich die Thiere umeinander winden. Ihre Körper sind dabei gleich gerichtet, so dass immer nur ein Thier mit Saamen versehen wird. Eine Ausstülpung des sehr kurzen Penis habe ich nicht beobachtet. Bei der Begattung geht viel Saamen verloren. Moquin Tandon, gestützt auf eine Angabe von Bojanus, nimmt an, dass die Körper der *Hirudineen* bei der Begattung entgegengesetzt gerichtet sind. Indess hat schon Ebrard**) in seinem sehr lesenswerthen Werke die Begattung von *Hirudo medicinalis* mit gleicher Richtung der Körper vor sich gehen sehen. Auch Jijima hat dies bei *Nephelis* bestätigt. Man kann die Begattung leicht beobachten. Wenn man zwei Thiere, welche 3 — 4 Tage isolirt waren, vereinigt, findet die Begattung sofort statt. Bei der von Jijima beobachteten Species findet ausser·dieser Begattung eine andre Art statt, indem Spermatophoren von dem einen Thiere auf die Haut des andern befestigt werden. Bei unsern *Nephelis* habe ich diese Spermatophoren nie gesehen, obgleich mir das Vorkommen dieser Körper bei *Pontobdella* und *Piscicola* wohl bekannt ist.

Die Zahl der Cocons, welche ein Thier absetzt, giebt Moquin Tandon auf 6—7 im Ganzen an. Dies ist zu wenig. Hertwig glaubt, dass es täglich eins bilden kann. Dies ist wieder zu viel. Sechs *Nephelis, octoculata* wurden reichlich gefüttert. Sie legten

---

*) Isao Jijima, On the origin and growth of the eggs and eggstrings in Nephelis with some observations on the „spiral asters." The quarterly Journal of microscopical science. April 1882. 8. 189.

**) Ebrard, Nouvelle monographie des Sangsues medicinales. Paris 1857.

am 8. Juli 3 Cocons,
„ 9. „ 3 „
., 10. ., 1 „
„ 12. :, 3 „
am 14. und 15. „ 5 „

Dies giebt für jedes Stück alle 10 Tage 3 Cocons. Die Zahl der in einem Cocon eingeschlossenen Eier schwankt zwischen 5 und 16, wie ich aus der Zählung der Eier von etwa
20 Cocons feststellte. Die Ablage geht vom Mai bis Ende September. Auch unbegattete ·
Exemplare legen Cocons, deren Eier sich jedoch nicht entwickeln. Die Begattung hat auf die
Häufigkeit der Ablage keinen Einfluss. Isolirt man begattete Exemplare, so findet sich, dass
bei jeder Begattung sehr viel Saamen eingeführt wird; derselbe verringert sich zwar in den
Eileitern, es bleibt aber noch lange Zeit genug zur Befruchtung übrig. Die Eier werden nicht
kleiner, allein durchsichtiger, d. h. die Substanz ärmer, und die Kernfiguren werden undeutlicher.
Die Zahl der in einem Cocon eingeschlossenen Eier wurde durch die Begattung oder Isolirung
nicht geändert.

Die Jungen werden noch nicht im Sommer ihres Geburtsjahres, sondern erst im nächsten
Frühjahr geschlechtsreif. Im Laufe des Sommers und Anfang Herbst sterben alle geschlechtsreifen Thiere. Jijima, dem meine erste vorläufige Mittheilung über diesen Gegenstand bekannt war, hat dies bei seiner Species nicht gefunden. Die Thatsache lässt sich aber bei
unseren Species über allen Zweifel feststellen. *Clepsine* wird ebenfalls erst im folgenden Frühjahr geschlechtsreif und stirbt, nachdem es seine Jungen, die sich bekanntlich unter ihrem
Bauch aufhalten und daran saugen, gepflegt hat. *Aulastoma* und *Hirudo* brauchen bekanntlich mehrere Jahre um geschlechtsreif zu werden. Auch bei ihnen scheint die Geschlechts-
entwicklung nur einmal einzutreten und sich nicht periodisch zu wiederholen. *Aulastoma* stirbt
immer bald nach Ablegung der Cocons.

Ei-Entwicklung.

Von der weiblichen Geschlechtsöffnung geht jederseits ein längerer blindgeschlossener
Schlauch nach rückwärts, den wir als Eileiter bezeichnen können. In demselben, an seine
Wand angeheftet, liegen eine Anzahl länglich platter Körper, die Ovarien. Ich habe ihre
Zahl leider nicht sicher bestimmt. Es sind jederseits wenigstens vier vorhanden. Der Eileiter
lässt sich an frischen Exemplaren kaum frei legen. Man kann sich die Ovarien jedoch leicht
verschaffen. Schneidet man den Körper des Thieres mit scharfen Messern in der Gegend der
Eileiter mehrmals der Länge nach auf, so lösen sich die Ovarien sofort von der Wand des
Eileiters ab und stürzen sammt den abgelösten Eiern heraus. Ihre Anheftung kann man nur
auf Querschnitten erhärteter Exemplare erkennen.

Die Ovarien sind nach aussen mit einer Muskelhaut überzogen, deren Contraction man anfangs nach der Ablösung noch erkennen kann. Das Ovarium besteht in einem jüngeren Stadium aus Zellen, welche nach Innen durch Stiele an einer Rhachis sitzen. An dem Hinterende beginnen die Zellen zu reifen, indem sie sich mit dunkeln Protoplasmakörnchen füllen und ein Follikelepithel erhalten. Die in der hintern Hälfte entstehenden Eier werden nicht abgelöst, sondern gehen unter. Bei *N. octoculata* werden die Eier der hintern Hälfte grobkörnig und bleiben, wenn auch in einem degenerirten Zustande erhalten (Taf. IV. Fig. 1). Bei *N. sexoculata* schwinden die Eier des Hinterendes vollständig (Taf. IV. Fig. 3). Die reifen Eier sitzen zur Zeit ihrer Ablösung, wie Jijima richtig bemerkt, etwas vor der Mitte der Ovarien. Nach Jijima entstehen die Follikel in der Weise, dass die Zellen des Ovarium sich mehrfach theilen. Der eine Kern tritt in die Mitte und wird zum Keimbläschen, während die andern an die Peripherie treten und die Kerne des Follikelepithels bilden. Das Protoplasma um das Keimbläschen trennt sich dann von der Follikelschicht ab. Ich habe, seit mir Jijima's Arbeit bekannt wurde, diese wenn richtige, schöne Entdeckung nicht prüfen können.

Befruchtung.

Die Eileiter sind gewöhnlich dicht mit Spermatozoen erfüllt, welche auch ununterbrochen in das Ovarium eintreten. Bei *N. octoculata* bilden die eindringenden Spermatozoen einen Gürtel von der Breite der Stelle, welche die reifen Eier enthält (Taf. IV. Fig. 1). Auch im Protoplasma zwischen den Follikeln und im Innern der Eier finden sich die Spermatozoen vor. Es ist wegen des erwähnten Gürtels schwer über diesen Punkt zur Klarheit zu kommen. Auch findet man überhaupt nur nach längerem Suchen Ovarialeier mit Spermatozoen. Ihre Zahl kann nicht gross sein. Denn da alle 10 Tage 3 Cocons gelegt werden, und nach einem Mittel aus 20 Zählungen auf jedes Cocon 10 Eier kommen, so reifen in einem Thier täglich nur 3 Eier, welche sich auf 8 — 10 Ovarien vertheilen. Dagegen findet man eher Eier, welche aus dem Follikel herausgefallen und in welche die Spermatozoen noch im Eindringen begriffen sind (Taf. V. Fig. 3). Derartige Eier enthalten bereits eine grosse Zahl Spermatozoen. Sowohl die eindringenden wie die eingedrungenen sind in einer lebhaften Bewegung. Die Gestalt dieser Eier ist nicht rund, sondern ganz unregelmässig mit allerlei Furchen und Hervorragungen. Amöboide Bewegungen habe ich daran nicht wahrgenommen. Lässt man aber sehr verdünnte Essigsäure hinzutreten, so machen derartige Eier eine plötzliche kräftige peristaltische Bewegung, worauf sie absterben und rund werden. Diese augenblickliche Bewegung scheint mir von dem Reiz herzurühren, welchen die Essigsäure ausübt.

Das Keimbläschen hat schon im Follikel vor dem Eindringen sich verändert, seine Membran wird undeutlich, der Keimfleck wird unsichtbar, das Keimbläschen stellt einen homogenen Fleck dar (Taf. V. Fig. 1 u. 2). Auf einem weiteren Stadium bilden sich strahlenförmige

Ausläufer an zwei und drei Polen. Doch sind diese Ausläufer weniger zart als an den sogenannten Kernspindeln. Der Kern bietet dann dasselbe Bild wie auf dem Stadium Taf. V. Fig. 7 u. 8. Die frisch abgelösten Eier lassen keine Spur des Keimbläschens erkennen. In den abgelösten Eiern befindet sich der Dotter in einer lebhaften Molekularbewegung. Man kann sich davon überzeugen, da die Spermatozoen mitunter stillstehen. Ob die Molekularbewegung der reifen Eier schon im Ovarium eintritt, ist mir nicht mehr erinnerlich, bei den unreifen Eiern fehlt dieselbe sicher.

Nachdem das Ei abgelöst ist, dringen die Spermatozoen nicht mehr in dasselbe ein. Die Eier mit halb eingedrungenen Spermatozoen sind wahrscheinlich erst vor kurzem aus dem Ovarium getreten. Niemals beobachtet man Spermatozoen, deren Bewegungen darauf gerichtet sind, in die abgelösten Eier einzudringen. Die Zahl der eingedrungenen Spermatozoen ist eine grosse, wie man sich aus den Bildern Fig. 4 u. 5 überzeugen kann. Eine Schätzung derselben will ich unterlassen.

Bei *Nephelis sexoculata* ist die Zahl der eingedrungenen Spermatozoen noch bedeutender als bei *N. octoculata* (Taf. III. Fig. 3). Ihre Eier scheinen zu einer gewissen Zeit ganz aus Spermatozoen zu bestehen *). Im Uebrigen verhalten sich die Eier der beiden Species gleich.

Die unregelmässige Gestalt der Eier schwindet nun, die Eier werden kugelförmig. Die Zahl der fadenförmigen Spermatozoen, welche sie enthalten, nimmt ab, die Bewegungen derselben werden langsamer. Dafür treten Gruppen von dunkeln Körnchen auf, wahrscheinlich die Stücke der zerfallenen Spermatozoen (Fig. 5). Aber auch diese Spuren verschwinden. Nun tritt die Abscheidung des Perivitellin ein (Fig. 7). Das körnchenhaltende, dunklere Protoplasma der Dotter bildet eine Kugel, welche von einer Schaale heller Substanz, dem Perivitellin umgeben ist. In das Perivitellin treten die bis jetzt noch ungelösten Spermatozoen. Die Zahl derselben ist bei *N. sexoculata* noch ziemlich gross, geringer bei *N. octoculata*. Mit der Perivitellinbildung hört die Molekularbewegung auf. Dies ist auch der Beweis, dass die Molekularbewegung nicht ausschliesslich von eindringendem Wasser, sondern von einer mit der Reife eintretenden Veränderung des Protoplasma herrührt. Während der Dotter von den Spermatozoen erfüllt ist, war von dem Keimbläschen nichts zu sehen. Jetzt tritt es allmählich wieder auf. Zuerst (Fig. 7) bildet sich ein kugelförmiger durchsichtiger, kurze Strahlen ausschickender Fleck, um welchen sich dunkle Körnchen anhäufen. Die Strahlen vermehren sich und bilden einen Doppelstern (Fig. 8). Noch sind die Strahlen ziemlich dick. Endlich bildet sich die gewöhnliche Kernspindel mit einer Aequatorialplatte von Körnchen und den feinstrahligen Büscheln an den Polen. Während der Entstehung der Kernspindel tritt auch die

---

*) Zoologischer Anzeiger 1880 No. 63 habe ich die Zahl der bei *Nephelis* eindringenden Spermatozoen auf 1000 angegeben. Ich hatte dabei jedenfalls *N. sexoculata* im Sinne.

4

Bildung der hellen Lecithinkugeln ein, welche sich in Essigsäure auflösen. Auf das Vorkommen dieser Lecithinkugeln bei *Nephelis* hat Bütschli zuerst aufmerksam gemacht. An den Rändern des Dotters zeigt sich jetzt (Fig. 9) eine radiale Zeichnung. Es sind feine mit einer hellen Substanz erfüllte sehr kurze Kanäle, welche von aussen in den Dotter eindringen (Taf. V. Fig. 9). Solange sich die Eier in den Eileitern befinden, habe ich niemals eine Andeutung des Richtungsbläschens daran gesehen. Die Eier treten nun in den Eileiter näher der Geschlechtsöffnung. Hier sind sie in die Spermatozoen eingebettet, ohne dass ein weiteres Eindringen derselben stattfindet, bis sie schliesslich in den Cocons abgelegt werden.

Ueber das Verhalten der Eier von *Nephelis* bis zur Ablage der Cocons liegen bereits mehrfache Beobachtungen vor. Hertwig*) beschrieb bei einer von ihm *Nephelis vulgaris* benannten Species zuerst die zur Ablage in Cocons reifen Eier, die Kernspindel und die im Perivitellin liegenden Spermatozoen. Die vorhergehenden Stadien sind ihm jedoch unbekannt geblieben. Darauf folgten meine vorläufigen Mittheilungen im Zoologischen Anzeiger vom 24. Mai 1880. Jijima hat Eier aus demselben Stadium wie Hertwig beschrieben, ohne, wie er selbst sagt, die Stadien zwischen dem unveränderten Keimbläschen und der Kernspindel zu finden. Die von ihm beschriebenen spiralen Formen der Kernstrahlen kommen bei den von mir beobachteten *Nephelis*arten, wie ich glaube, nicht vor.

Veränderungen des Ei's im Cocon.

Hierüber besitzen wir eingehende Untersuchungen besonders von Bütschli**), welcher alle Stadien abbildet, so dass ich am besten davon ausgehe. Nach Bütschli zeigt sich als erste Veränderung auf dem Dotter ein Hügel von Protoplasma, welcher nach ihm nichts anderes sein kann, als ein eingedrungenes aufgequollenes Spermatozoon. Dieser Protoplasmahügel ist in der That vorhanden, allein die Deutung, welche Bütschli ihm giebt, lässt sich nicht rechtfertigen. Es ist derselbe Protoplasmahügel, welcher wohl immer als Vorläufer des Richtungsbläschens auftritt. Spermatozoon liegen bei *Nephelis* zur Zeit seines Auftretens immer in dem Perivitellin, allein sie sind starr. Ein Eindringen hat Bütschli, wie er selbst angiebt, nicht beobachtet, mir ist es gleichfalls nicht gelungen. Die Spermatozoen schwinden, lösen sich im Perivitellin, welches wir als einen Theil der Eizelle betrachten.

Die Kernspindel sammt den polaren Strahlenbüscheln stellt sich nun nach Bütschli mit ihrer Axe radial und nahe an die Peripherie des Dotters, worauf die Kernspindel unter Zurücklassung der polaren Büschel nach Aussen tritt und das Richtungsbläschen bildet.

---

*) O. Hertwig, Beiträge zur Kenntniss der Bildung, Befruchtung und Theilung des thierischen Eies. 2. Theil. Morphologisches Jahrbuch, herausgegeben von Gegenbaur. Bd. III. S. 1 u. ff. 1877.

**) Bütschli, Studien über die erste Entwicklung der Eizelle etc. Abhandlungen der Senkenbergischen Gesellschaft. Bd. X. S. 21.

Während des Hervorschiebens hat sich das Richtungsbläschen in drei durch einen Strang zusammenhängende Kugeln getheilt.

Etwas anders geht nach Hertwig die Bildung des Richtungsbläschens vor sich. An der Stelle, wo die radial gerichtete Kernspindel die Peripherie berührt, erhebt sich ein Protoplasmahügel, in welchen die Hälfte der Kernspindel eintritt, während der Protoplasmahügel sich kugelförmig abschnürt, aber noch mit dem Dotter durch einen Strang in Verbindung bleibt. Darauf tritt eine Ruhepause ein, während welcher die Spindel sich wieder erneuert. Nun bildet sich eine neue kugelförmige Abschnürung an dem Strang, in welcher wieder ein Theil der Spindel aufgenommen und endlich ein drittes Richtungsbläschen in derselben Weise. Während dieser Vorgänge findet nach Bütschli noch ein andrer Vorgang statt. Noch vor dem Austritt der Kernspindel, welcher nach ihm den Eikern darstellt, entsteht neben den beiden polaren Strahlenbüscheln ein drittes, welches um einen Quadranten von den ersten entfernt ist. Während nun die beiden andern Strahlenbüschel verschwinden, wächst das dritte und rückt dabei in das Centrum des Eis. Alle drei Büschel sind nach Bütschli Bildungen, welche dem Dotter angehören. Nun schwinden die beiden ersten Strahlenbüschel und zwei neue kleine Kerne, welche die Bläschen mit Kernkörperchen darstellen, treten auf. Dieselben wachsen, indem gleichzeitig die dritte, nun central stehende Strahlung verschwindet. Endlich vereinigen sich die beiden bläschenförmigen Kerne zu einem grösseren Kerne von der ruhenden Form eines Bläschens mit Kernkörpern. Dieser bläschenförmige Kern wandelt sich nun in eine Kernspindel mit polaren Strahlenbüscheln um, ihre Theilung findet in der gewöhnlichen Weise statt, worauf der Dotter sich theilt und die beiden ersten Furchungskugeln gebildet sind.

Diese Darstellung Bütschli's wird von Hertwig mit einigen Modificationen bestätigt. Während der Bildung des Richtungsbläschens entsteht nach ihm im Mittelpunkt des Ei's ein neues Strahlensystem, in welchem ein neuer zuerst kleiner bläschenförmiger Kern auftritt. Aus dem ursprünglichen Kern — dem Rest der zur Bildung der Richtungsbläschen verwendeten Kernspindel — bildet sich ebenfalls ein zunächst mit einem Strahlensystem umgebener bläschenförmiger Kern. Beide Kerne vergrössern sich, indem die Strahlen schwinden, nähern sich und verschmelzen zu einem. Dieser neue Kern bildet nun die Kernspindel und die Strahlensysteme, welche zur Zweitheilung führen.

Nach Hertwig ist der zweite neu entstehende Kern aus einem eingedrungenen Spermatozoon hervorgegangen. Er giebt zwar zu, dass für *Nephelis* diese Entstehung sich nicht beweisen lässt, aber die Analogie mit den bei den Seeigeln beobachteten Erscheinungen nöthigt ihn zu dieser Deutung.

Nach den oben mitgetheilten Beobachtungen über das Eindringen von grossen Mengen von Spermatozoen ist es wohl nicht mehr möglich diese Entstehungsweise des zweiten Kernes aufrecht zu erhalten. Abgesehen von dieser Deutung kann ich aber die sonstigen von Bütschli

4*

entdeckten und von Hertwig bestätigten Erscheinungen an den Eiern der Cocons nur bestätigen.

Ehe ich meine eignen Beobachtungen und Ansichten mittheile, muss ich bemerken, dass man die zeitliche Folge der verschiedenen Bilder nur erschliessen kann. Der Cocon ist zwar bei schwachen Vergrösserungen etwas durchsichtig, aber für die hier nothwendigen Vergrösserungen nicht. Die Entwicklung geht auch bei den einzelnen Eiern anfangs ungleich vor sich, sodass man in demselben Cocon alle Stadien vom Beginn bis zur Zweitheilung finden kann. Die Combination ist zwar bis zu einem gewissen Grad sicher, aber doch nicht unfehlbar.

Die Bildung des Richtungsbläschens fasse ich in der Weise auf, dass sich die Kernspindel in radialer Richtung mit dem einen Pol nahe an die Peripherie des Dotters stellt und sich dann ein Stück des Dotters zugleich mit einem Theil des Kernes abschnürt. Während dieses Stück noch durch einen Strang mit dem Dotter zusammenhängt, erhält derselbe noch eine oder zwei Anschwellungen.

Darin, dass Kernsubstanz zur Bildung des Richtungsbläschens beiträgt, hat Bütschli recht, allein in zwei andern Punkten nicht. Erstens: die Kernspindel ist nicht der gesammte Eikern, da die polaren Strahlenbüschel auch zu demselben gehören. Zweitens: die Kernspindel tritt nicht ganz aus, sondern, wie Hertwig richtig sagt, das Richtungsbläschen besteht aus einem Theil der Kernspindel und etwas Dotter.

Wie nun die Abschnürung des zweiten und dritten Richtungsbläschens vor sich geht, ob wie Hertwig behauptet, nach jeder Abschnürung eine Pause eintritt, während welcher die Kernspindel sich regenerirt, worauf dann eine neue Theilung der Kernspindel eintreten soll, will ich hier nicht entscheiden. Um dies behaupten zu können, müsste man ein Ei in allen Stadien verfolgen. Hertwig's Angabe ist nur eine Combination.

Nachdem das Richtungsbläschen gebildet, treten rhizopodale Bewegungen des Keimbläschens ein. Ob die verschiedenen Formen, welche es annimmt, bis in das einzelne immer in gleicher Weise sich folgen oder ob eine gewisse Willkür herrscht, lässt sich mit Sicherheit nicht entscheiden. Alle Angaben Bütschli's und Hertwig's über die Folge können, wie ich nochmals hervorheben muss, wieder nur Combinationen sein.

Die Strahlen können sich verkürzen und verlängern, zu den zwei Büscheln kann ein dritter auftreten, die Substanz und Flüssigkeit des Kernes kann sich in ein oder zwei Bläschen zusammenziehen, die Bläschen können sich vergrössern, die gesammte Kernsubstanz kann sich zusammenziehen, ohne dass Strahlen sichtbar sind und einen bläschenförmigen einheitlichen Kern bilden. Alle diese Bilder sind wirklich vorhanden. Niemals aber ist die Annahme nothwendig, dass ein zweiter Kern entsteht und dass der Furchungskern aus der Conjugation zweier Kerne entsteht. Wenn die Zweitheilung vor sich geht, ist der Kern immer in eine Kernspindel mit zwei polaren Strahlenbüscheln verwandelt, welche sich theilen. Aber es bleibt auch die Möglichkeit offen, dass die Kernspindel des Richtungsbläschens, ohne vorher bläschenförmig geworden zu sein, direct in die Kernspindel der Zweitheilung übergehen kann.

Die Zusammensetzung der Kernspindel wird von Bütschli und Hertwig in der Weise angegeben, dass sie aus Fasern bestehe, welche in der Mitte eine Anschwellung besitzen. Diese Angabe kann ich nicht bestätigen. In der Aequatorialebne der Kernspindel liegen kleine rundliche feste Körper. Die Fäden, für deren Anschwellung Bütschli und Hertwig sie halten, sind gar nicht vorhanden. Der Schein derselben kann leicht entstehen durch die feinen Furchen, welche auf der Oberfläche der Kernspindel verlaufen. Es verhält sich die Aequatorialplatte bei *Nephelis* nicht wie bei *Mesostomum* sondern wie bei *Ascaris* und *Tubifex*.

Dass sich die Körnchen der Aequatorialplatte bei der Zweitheilung und bei der Bildung der Richtungsbläschen theilen, ist nach der Analogie von *Mesostomum* und *Ascaris* wahrscheinlich, allein mit den jetzigen optischen Hülfsmitteln kaum zu entscheiden.

Eine entschiedene Färbung der Nucleolinsubstanz (Chromatin) erreicht man bei *Nephelis* durch kein Mittel. Sehr verdünnte Essigsäure hellt das Ei durch Lösung der Lecithinkugeln auf und lässt die Kernspindel, die Strahlen und die bläschenförmigen Kerne deutlicher hervortreten. Carmin färbt den Kern ein wenig und trägt zur Deutlichkeit etwas bei.

Aulastoma vorax (Moq. Tand.) (Taf. VI. Fig. 17—21).

Systematisches.

R. Hertwig in seinem schon citirten Aufsatz hat Beobachtungen über die ersten Veränderungen des Eis von *Hämopis* veröffentlicht. Er giebt nicht an, wo er *Hämopis* beobachtet hat. Seine Angaben stimmen ungefähr mit den von mir bei *Aulastoma* gemachten überein. *Hämopis* kommt in Deutschland sehr selten vor. Ich habe diese Species weder in Giessen noch in Breslau gefunden. Auch in den Museen von Giessen und Breslau, in welchen meine Vorgänger mit Sorgfalt die einheimischen Thiere gesammelt haben, befinden sich keine in der Umgegend dieser Städte gefundene *Hämopis*. Sollte vielleicht Hertwigs *Hämopis* mit *Aulastoma* Moq. Tand. identisch sein? Auch Filippi hat *Aulastoma* Mq. Td. *Hämopis* genannt. Ich will mich gern belehren lassen, allein diese Frage konnte ich nicht unterdrücken. Die Zähne meines *Aulastoma* stimmen mit der Abbildung, welche Moquin Tandon von den Zähnen seines *Aulastoma* giebt, vollständig überein, aber nicht mit der Abbildung, welche er von den Zähnen von *Hämopis* giebt. Auch Leydig erwähnt in seinem weiter unten bei *Piscicola* angeführten Aufsatz nur *Hämopis* und nicht das viel gemeinere *Aulastoma*.

Biologisches.

Aulastoma kann man wie *Hirudo medicinalis* leicht in Gefangenschaft halten. Doch muss man die Gefässe so verwahren, dass die *Aulastoma* nicht nach ihrer Gewohnheit fort wandern.

Mit Regenwürmern lassen sie sich füttern. In ein grösseres Wassergefäss, welches ihnen zum Aufenthalt dient, setzt man ein kleineres mit feuchtem Thon gefülltes. Sie suchen denselben auf, bohren sich darin Gänge, in welche sie während des Sommers Cocons absetzen.

Ablösung der Eier.

Bekanntlich liegen bei *Aulastoma* wie bei *Hirudo* in den kuglich angeschwollenen Enden der Eileiter die bandförmigen Ovarien. Die Eier treten etwa vom Mai an kuglich daran hervor, mittelst eines Stranges am Ovarium befestigt (Fig. 17). Die Follikelschicht, welche sie umgiebt, besteht nicht aus einzelnen Zellen, sondern aus einem Protoplasma. Je ein kleiner Kern, wie sie auch sonst in dem Stroma vorkommen, liegt an der Basis jedes Follikels. Das Ei ist in einer bis jetzt noch nicht beschriebenen Weise mit der Follikelschicht in Verbindung. Es löst sich allmählich von der Follikelschicht ab. Zwischen Eihaut und Follikelschicht entsteht eine helle sehr durchsichtige dem Anschein nach flüssige Schicht. Zahlreiche Fäden gehen von dem Eidotter nach dem Protoplasma der Follikelschicht. Die Follikelschicht steht durch diese Fäden mit dem Dotter in ununterbrochener Verbindung. Wenn die Eier sich knospenartig abheben, haben sie noch lange ihre volle Grösse nicht erreicht. Die helle Schicht, welche man als Zona pellucida bezeichnen kann, wird mit dem Wachsthum des Eis breiter, während die Verbindungsfäden an Zahl und Dicke abnehmen, bis das Ei aus dem Follikel fällt. Um den Dotter hat sich bereits eine deutliche Haut gebildet. Man kann dieselbe als die secundäre Eihaut betrachten, die Zona pellucida als die primäre.

Das Keimbläschen ist bei den beerenförmig ansitzenden Eiern zuerst rund mit einer Membran und einem Nucleolus (Fig. 17 u. 18). Dann bilden sich mehrere kleinere Nucleolen, die Membran schwindet, das Keimbläschen erhält Zacken, strahlt aus und bildet sich zu einer Kernspindel mit Polbüscheln aus. In diesem Zustand fällt es ab. Die Körper der Aequatorialplatte sind körnig, keine Fäden.

Eindringen der Spermatozoen.

Die Begattung findet schon vor der vollen Reife des Eierstocks statt. Die den Eileiter erfüllenden Spermatozoen dringen in den Eierstock ein. Das letztere habe ich allerdings nicht bei *Aulastoma*, wohl aber bei *Hirudo medicinalis* beobachtet, welche in Bezug auf die Fortpflanzung *Aulastoma* sehr ähnlich ist.

Bei *Aulastoma* fand ich die Spermatozoen in Eiern, welche zwar hervorknospen aber noch nicht ausgewachsen sind (Fig. 17). Doch sind diese Funde selten; sie beweisen jedoch zur Genüge das Eindringen von Spermatozoen in Eier von jeder Entwickelungsstufe. Die vom Eierstock abgelösten in der Flüssigkeit des Eileiters schwimmenden Eier enthalten viele

Spermatozoen, doch habe ich niemals wie bei *Nephelis* Eier gesehen, in welche Spermatozoen eindringen. Nur während des Zusammenhanges mit dem Eierstock scheinen mir die Spermatozoen einzudringen.

Die Spermatozoen sowohl in den reifen wie unreifen Eiern rollen sich wie es scheint sofort nach dem Eindringen spiralig zusammen. Neben den spiraligen Spermatozoen enthalten die Eier kernhaltige Zellen mit theils runden theils zackigen Umrissen. Es sind die veränderten Spermatozoen. Diese Zellen werden nach und nach kleiner, verlieren den Kern und lösen sich in dem Dotter auf. Die Zahl der in ein Ei aufgenommenen Spermatozoen schätze ich im Maximum auf 100.

Wie wir weiter unten sehen werden, dringen in die Eier von *Aulastoma* farblose Blutkörper. Dieselben lassen sich mit den kugelförmigen Spermazellen nicht verwechseln, da sie immer grösser sind. Spermatozoen und farblose Blutkörper finden sich niemals in demselben Ei. Die erste Kernspindel schwindet während dieser Zeit wieder vollständig (Fig. 20) und tritt allmählich wieder auf (Fig. 19), indem sich zuerst ein zackiger Kern zeigt, welcher in eine Kernspindel übergeht. In dem Maasse als sich die Spindel bildet, treten dunkle Körnchen im Dotter auf.

Soweit habe ich die Eier verfolgt. Niemals habe ich wie bei *Nephelis* Eier mit Perivitellin gefunden. Auch erinnere ich mich nicht auf Essigsäurezusatz eine Ausscheidung von Perivitellin gesehen zu haben. Obgleich ich mehrfach Cocons von *Aulastoma* erhalten habe kann ich nichts über die weiteren Veränderungen der Eier berichten. Die Beobachtung derselben ist schwieriger als bei *Nephelis*. Die Eier sind sehr klein, der Cocon enthält nur wenig Flüssigkeit, welche beim Oeffnen von der schwammartigen Substanz des Cocons sofort aufgesogen wird.

Ueber die ersten Entwickelungsstufen der Eier von *Aulastoma vorax* gab es bis jetzt keine Beobachtungen. Von *Hämopis (?)* hat schon Leydig das Hervorknospen der Eier am Eierstock beschrieben und abgebildet[*]. Genauere Untersuchungen darüber hat Hertwig[**] angestellt. Danach lagen dort an der Basis des Follikels immer zwei Kerne, nicht einer, wie ich bei *Aulastoma* angebe. Die Eier bekommen schon im Follikel die Kernspindel. Das Eindringen der Spermatozoen hat Hertwig noch nicht gesehen.

[*] Leydig, Zur Anatomie von *Piscicola geometrica* mit theilweiser Vergleichung andrer einheimischer *Hirudineen*. Siebold und Kölliker, Zeitschrift f. w. Zoologie. Bd. I. (1849). S. 129 u. Taf. X. Fig. 66.
[**] Hertwig, 2. Theil (Citate s. ob. bei *Nephelis*). S. 9 u. Taf. I. Fig. 1—5 u. Taf. II. Fig. 5.

Piscicola geometrica (Taf. II. Fig. 25—30).

Biologisches.

Ich habe sowohl *Piscicola geometrica* als *respirans* und wahrscheinlich noch eine dritte namenlose Species beobachtet[*]), welche in Bezug auf die Ablösung und Bildung der Eier übereinstimmen. Bekanntlich leben die *Piscicola* auf Fischen, ohne sich, wie mir scheint, an eine bestimmte Species zu binden. Vorzugsweise sitzen sie, wie schon Troschel bemerkt, an den Flossen und zwar an der Rückenflosse. Haben sie sich vollgesogen, so verlassen sie den Fisch. Hält man sie mit Fischen, z. B. Goldfischen im Aquarium, so werden sie bald gefressen, wenn man ihnen nicht Gelegenheit zum Verbergen bietet. Im Freien leben sie auch wahrscheinlich unter Steinen verborgen, aber da wohl immer in grösseren Tiefen, nur einmal habe ich sie im Freien an einer Muschel gefunden. Noch ehe die Reife der Eier eingetreten, sieht man die Thiere in einer an die Begattung erinnernden Stellung: zwei Exemplare heften sich mit dem hintern Saugnapf fest, in entgegengesetzter Richtung und in der Entfernung, dass sie sich mit dem Vorderende erreichen können. Sie krümmen das Vorderende und haken sich in einander. Solange die Reife der Eier nicht eingetreten, ist dies nur ein Vorspiel der Begattung, denn man findet in den Eileitern keinen Samen. Dagegen werden bei dieser Gelegenheit Spermatophoren abgesetzt, welche man häufig auf dem Boden der Gefässe findet. Auch die Cocons werden schon gebildet ehe reife Eier vorhanden sind. Dass in solchen Cocons keine Eientwickelung eintritt, wundert uns nicht. Aber auch diejenigen Cocons, welche von vollständig reifen Thieren in der Gefangenschaft abgesetzt wurden, entwickelten sich trotz vielfacher Erneuerung des Wassers nicht. In jedem Cocon fand ich bei *P. respirans* wie Leydig bei seiner Species ein Ei.

Bildung der Eier.

Die Eier von *Piscicola* entstehen in Follikeln, deren Wand ein kernhaltiges Protoplasma bildet. Es enthält jeder Follikel, der sich von der Wand des Eileiters ablöst, zunächst eine Zelle, deren Kern sich theilt, worauf sich auch die Inhaltsportionen um jeden Kern abschnüren, so dass alle dadurch gebildeten Zellen wie bei einer Rhachis zusammenhängen. Der gesammte Zellhaufen umgiebt sich mit einer Haut. Alle Zellen wie überhaupt der ganze Follikel wachsen heran, besonders aber die eine, welche zum Ei wird. Hat der Follikel eine gewisse Grösse erreicht, so wächst nur die Eizelle, während die anderen unter- und in die Eizelle aufgehen. Die Haut des Complexes wird zur Eihaut.

---

[*]) Troschel, *Piscicola respirans* n. sp. Troschel's Archiv f. Naturgeschichte. XVI. Jahrgang (1850). Bd. I. S. 17. bemerkt bereits, dass bei uns wahrscheinlich drei Species *Piscicola* vorkommen (a. a. O. S. 19). Ich behalte mir vor, ein andresmal darauf zurückzukommen.

Die Follikelwand steht zu dem Zellkomplex in demselben Verhältniss wie bei *Aulastoma vorax* zum Ei. Sie hebt sich durch eine zwischen der künftigen Eihaut und dem Follikelprotoplasma auftretende helle Substanz, Zona pellucida, von der Dotterhaut ab, allein durch feine Fäden bleibt der Zellkomplex mit dem Follikelprotoplasma in Verbindung. Setzt man verdünnte Essigsäure hinzu, so quillt die Zona stark auf.

Jüngere Follikel haben nicht eine, sondern zwei, aber dann wieder durch Brücken zusammenhängende Follikelwände, zwischen denen dann auch die helle Substanz vorhanden ist. Bei älteren Follikeln reduziren sich diese Wände aber immer auf eine (Fig. 28 u. 29).

Bei *Pontobdella*, welche ja auch in Bezug auf die Gestalt der Saugnäpfe *Piscicola* ähnlich ist, entstehen die Eier in einer etwas anderen Weise. Von dem grossen, aus einem Protoplasma mit Zellkernen bestehenden Eierstock lösen sich einzelne Zellen ab. Die Kerne vermehren sich, wachsen, wie auch das Protoplasma, und um die einzelnen Kerne schnüren sich die Protoplasmaportionen ab und bilden eine Rhachis. Eine der Zellen wächst nun stärker und wird zum Ei. Um dies Ei bildet sich eine sehr dicke Haut, durch welche es von dem Zellkomplex abgeschieden wird. Letzterer hängt also nur eine Zeit lang mit dem Ei zusammen, geht jedoch nicht wie bei *Piscicola* ganz in das Ei über. Auch die Follikelwand von *Piscicola* fehlt.

Die Entwicklung der Follikel von *Piscicola* hat Leydig zuerst beobachtet. Genauer hat sie Ludwig*) dargestellt, und zwar nicht bloss von *Piscicola*, sondern auch von *Pontobdella*. Seine Darstellung wird durch meine Beobachtungen über die Zona pellucida ergänzt.

Eindringen der Spermatozoen.

Das Eindringen der Spermatozoen und die weitere Entwickelung der Eier war bei dieser Gruppe der *Hirudineen* bis jetzt unbekannt. Ich habe diese Vorgänge bei *Piscicola geometrica* beobachtet.

Nachdem die Ablösung der Follikel eine Zeitlang stattgefunden hat, tritt endlich die *Immissio seminis* ein. Bis die Spermatozoen in die Eier eindringen, müssen sie erst eine Zeitlang im Eileiter sich aufgehalten haben. Man trifft Eileiter strotzend mit Saamen gefüllt, ohne dass die Spermatozoen in die Eier gedrungen sind. Dieselbe Beobachtung hat auch Leydig**) gemacht, allein sie beweist nicht, wie Leydig allerdings leicht begreiflicherweise glaubte, dass die Spermatozoen von *Piscicola* überhaupt nicht in das Ei dringen.

---

*) Ludwig, Ueber die Eibildung im Thierreich. Verhandlungen der Würzburger phys.-med. Gesellschaft. Neue Folge. Bd. VII. (1874). Separatabdruck. S. 60.

**) Leydig, über den Eierstock und die Saamentasche der Insecten. Verhandlungen der Kais. Leopold. Carol. Akademie der Naturforscher. Bd. XXXIII. (1867.) S. 64.

Endlich dringen die Saamenfäden nach Erlangung einer gewissen Reife, wie wir annehmen können, in die Follikel ein, und zwar ohne Unterschied in die noch unausgewachsenen oder ausgewachsenen. Man findet die Saamenfäden in der Follikelwand, in dem Zellkomplex und innerhalb der Eier. Die Zahl der in das Ei eingedrungenen Spermatozoen kann man wohl auf hundert schätzen.

Wenn das Ei seine volle Grösse erreicht hat, schwindet die Follikelwand, welche schon vorher sehr dünn geworden war, ganz und das von einer Haut umgebene Ei ist frei. Ein Eindringen von Spermatozoen findet dann nicht mehr statt.

Das Keimbläschen des eben freigewordenen Eies ist noch bläschenförmig und mit einem Nucleolus. Unabhängig von der Befruchtung wandelt sich das Keimbläschen in die Strahlen um, welche schliesslich so zart werden, dass man sie weder frisch noch nach Behandlung mit Essigsäure erkennen kann.

Die eingedrungenen Spermatozoen schwinden schnell, ohne eine andre Spur zu hinterlassen als (Fig. 25) eine grosse Zahl heller runder Körper, welche ich für veränderte Spermatozoen halte. In einem weitern Stadium findet die Perivitellinausscheidung statt, wobei die noch nicht aufgelösten Spermatozoen in das Perivitellin treten (Fig. 26). Das Keimbläschen hat sich in eine Spindel, in deren Aequator die Nucleolinkörperchen liegen, verwandelt. Zuerst ist der Umriss des Dotters noch unregelmässig, dann wird er kugelförmig (Fig. 27). Die Kernspindel war zuerst kuglig, nun wird sie länglich und die Polarbüschel treten auf. Die Veränderung in den Cocons habe ich nicht beobachtet.

Anhang.

Ueber den Untergang von Ei und Saamen bei den Hirudineen*).

(Taf. VI. Fig. 1—16.)

Eier.

In dem Ovarialschlauch von *Aulastoma* findet man sehr häufig Eier, welche allem Anschein nach untergehen. Um dieselben nicht mit den normalen Eiern zu verwechseln und dadurch in die oben dargestellten Untersuchungen Fehler zu bringen, war es nothwendig, diesen Vorgang genauer zu verfolgen.

Es sind zwei Arten des Untergangs der Eier zu unterscheiden. Die eine betrifft die Eier, welche noch im Eierstock eingeschlossen von Follikeln sich befinden, die andere Art die aus den Follikeln gelösten.

Die Eierstöcke sind in den von mir untersuchten *Hirudineen*, wie schon bemerkt, von zweierlei Art. Entweder sind die vollkommen entwickelten Eierstöcke scharf getrennt von dem umschliessenden Rohr bei *Hirudo*, *Aulastoma* und *Nephelis* oder die Eier entstehen in der ganzen Länge des Rohrs bei *Piscicola* und *Pontobdella*.

Bei den drei erstgenannten Species finden sich im Hinterende der Ovarien und zwar noch ehe die Ablösung der Eier beginnt, fettig degenerirte und allmählig kleiner werdende Eier. Dieser fettigen Degeneration verfallen die Eier noch ehe sie die volle Grösse erreicht haben.

Die zweite Art des Unterganges tritt an Eiern ein, welche ihre volle Entwicklung erreicht haben und schon frei geworden sind. Bei *Piscicola* hat Leydig derartig untergehende Eier offenbar schon beobachtet**). Ich selbst, obgleich ich viele reife *Piscicola* untersuchte, habe sie nie gefunden, doch dürfte das wohl ein Zufall sein. Ebenso wenig konnte ich sie bei *Hirudo* beobachten, weil ich vollkommen reife Exemplare von *H. medicinalis* nicht erhalten

---

*) Schneider, Ueber die Auflösung der Eier und Spermatozoen in den Geschlechtsorganen. Zoologischer Anzeiger. 1880. 12. Januar.

**) Leydig, Zur Anatomie von *Piscicola geometrica* mit theilweiser Vergleichung anderer einheimischer *Hirudineen*. Siebold und Kölliker, Zeitschrift I. S. 125. (1849.)

5*

habe. Dagegen sah ich sie in grosser Menge bei *Aulastoma*, immer gemischt mit normal entwickelten Eiern. Hertwig*) hat dieselben von *Hämopis (?)* beschrieben. Auf welche Weise diese Eier untergehen, hat man bisher nicht beobachtet. Der den Eierstock einschliessende Schlauch aller *Hirudineen* ist mit einer Flüssigkeit gefüllt, in welcher zahlreiche amöboide Zellen vorkommen. Sie sind schon vorhanden, ehe der Eierstock seine vollkommene Reife erlangt hat. Die Flüssigkeit hat bei *Hirudo* und *Aulastoma* eine deutlich rothe Farbe. Ich habe diese Zellen in der oben erwähnten vorläufigen Mittheilung als farblose Blutkörperchen bezeichnet. Allein es ist keineswegs nothwendig, ja sogar nicht einmal wahrscheinlich, dass die Flüssigkeit Blut ist. Ebenso wenig müssen die amöboiden Zellen eingewandert sein, sie können sich auch aus den innerhalb des Schlauches befindlichen Zellen gebildet haben. Diese Frage harrt noch der Untersuchung. Die Zellen sind, solange sie in der erwähnten Flüssigkeit sich befinden, mit zackigen oder rundlichen Fortsätzen versehen (Fig. 1 u. 2). Setzt man verdünnte Essigsäure zu, so werden die Zellen kugelförmig (Fig. 3—7) und zeigen sich zusammengesetzt aus einer zarten Membran, welche mit hellem Protoplasma fast ganz erfüllt ist. An der Peripherie befindet sich eine Anhäufung feiner Körnchen, welche einen Kern mit Kernkörper einschliesst. Diese Anhäufungsstelle ragt mitunter bügelförmig von der Kugelfläche hervor. Der Kern ist verschieden gross und zeigt mitunter eine Furche der Zweitheilung, mitunter sind auch zwei kleinere Kerne in der Zelle. Es findet also wahrscheinlich eine Zweitheilung der Zelle statt. Beobachtet habe ich dieselbe aber nicht.

Diese Zellen setzen sich nun an die von dem Eierstock abgelösten Eier und dringen in dieselben ein. Das erste Eindringen kommt selten zur Beobachtung. In dem von mir abgebildeten Falle (Fig. 8) war der Dotter durch eine hellere Schicht von der Membran getrennt. Ein Keimbläschen oder Kernspindel war nicht mehr darin zu erkennen. O. Hertwig bildet ein mit Kernspindel versehenes Ei ab, welches er für pathologisch verändert hält. Nach und nach dringen mehr Zellen in das Ei (Fig. 9), welche darin wachsen, fressen und sich mit kleinen Körnchen und einem grösseren fettartigen conturirten Körper füllen (Fig. 10 u. 11). Das Ei zerfällt immer mehr, es bilden sich scharf umschriebene Ballen darin, welche ungefähr wie Furchungskugeln aussehen. Endlich wird die Membran faltig und schliesslich wird sich das ganze Ei wohl auflösen. Die vollgefressenen Zellen bilden mit dazwischen liegenden Körnchen unförmliche Klumpen, welche durch einen stark rothen Schein auffallen. Es lässt sich deshalb wohl die Frage aufwerfen, ob nicht der rothe Farbstoff der Flüssigkeit das Zersetzungsproduct der Nahrung der Zellen ist.

Diese so auffallende Erscheinung an den Eiern veranlasste mich nach einer analogen Erscheinung in den Hoden zu suchen. In der That in den Hoden aller von mir untersuchten

---

*) O. Hertwig, Beiträge zur Kenntniss der Bildung, Befruchtung und Theilung thierischer Eier. Gegenbaur, morphologisches Jahrbuch B. III. S. 14. (1877.)

Hirudineen, Hirudo, Aulastoma, Nephelis und *Piscicola* findet ein Untergang der Spermatozoen durch *Leucocyten* statt. Genauer untersucht und abgebildet habe ich den Vorgang nur bei *Aulastoma.* Die *Leucocyten* setzen sich (Taf. VI. Fig. 12—16) an die Spermatoblasten in den verschiedensten Stufen ihrer Entwicklung, sie hüllen sie ein und legen sich dabei so eng an einander, dass man ohne die Hülfe der Essigsäure die Grenzen der einzelnen *Leucocyten* nicht erkennen kann. Die Spermatoblasten werden allmählich kleiner und indem sie ihre Structur verlieren, bilden sie homogene Kugeln, welche einzelne Spermatozoen und stärkere lichtbrechende Körper einschliessen. Die Nahrungsaufnahme und die Veränderungen der *Leucocyten* geschieht ganz in der bei den Eiern beschriebenen Weise.

Bei den Säugethieren hat man schon längst erkannt, dass die Eier des Eierstocks zahlreich zu Grunde gehen, ehe sie abgestossen werden und zwar auf dieselben beiden Arten, die wir bei den *Hirudineen* kennen gelernt haben. Grohe hat die fettige Degeneration derselben und Pflüger ihren Untergang durch eindringende Zellen der *Granulosa* erkannt. Wagener hat diese Beobachtung bestätigt. In neuester Zeit hat v. Brunn*) diesen Vorgang auch bei den Vögeln nachgewiesen. In seiner Abhandlung findet sich auch die Geschichte dieses Gegenstandes vollständig zusammengestellt, weshalb ich darauf verweise.

Bei einer Betrachtung des Unterganges der Eier müssen wir die fettige Degeneration und den Untergang durch Einwanderung unterscheiden. Fettige Degeneration kann wohl überall stattfinden. Der Untergang durch Einwanderung nur da, wo Follikel vorhanden sind.

Bei den Vögeln findet nach der Brutzeit allgemein ein Rückgang der Eierstöcke und Hoden statt und beim Beginn derselben eine Neubildung. Bei den Säugethieren tritt im wilden Zustande die Brunst ja auch nur zu einer beschränkten Zeit des Jahres ein. Es werden bei denselben auch alle nicht ausgestossenen Eier, die aber eine gewisse Reife erlangt haben, wieder untergehen.

Ich will darüber eine Beobachtung mittheilen, so unvollkommen dieselbe auch ist. *Mus musculus* und *silvaticus* hat im Winter ausserordentlich kleine Eierstöcke. Dieselben enthalten keine reifen, sondern nur sehr kleine Eier, dagegen grössere Follikel, welche ganz mit kleinen zackigen Zellen, die man als *Leucocyten* bezeichnen kann, erfüllt sind, ferner Follikel, die ausser den *Leucocyten* körnige Massen enthalten, vielleicht den Rest untergegangener Eier. Man kann danach annehmen, alle bis zu einem gewissen Punkt ausgebildeten Eier gehen nach dem Aufhören der Brunstzeit unter. Bei denjenigen Säugethieren und Vögeln, wo die Brunstzeiten durch eine längere Ruhe unterbrochen sind, wird dies deutlich hervortreten. Bei den domesticirten Thieren dagegen, wo dieser normale

---

*) v. Brunn, Die Rückbildung nicht ausgestossener Eierstockseier bei Vögeln. Beiträge zur Anatomie und Anatomie als Festgabe an Jacob Henle. 1882. S. 1.

Verlauf geändert ist, werden untergehende und entstehende Eier aller Entwicklungsstufen gemischt in den Eierstöcken vorkommen.

Bei den Fischen und Amphibien kommen in den Eierstöcken ebenfalls untergehende Eier vor, aber doch nur vereinzelt. Hier werden zur Laichzeit die reifen Eier alle und auf einmal abgelegt. In dem Eierstock bleiben nur sehr kleine Eier zurück, welche bis zum Eintritt der nächsten Laichzeit reif werden.

Die wirbellosen Thiere werden entweder nur einmal in ihrem Leben geschlechtsreif oder mehrmals in Jahresperioden. Im ersten Fall, so bei den Insecten, findet man keine untergehenden Eier; wie die Eier reifen, werden sie abgelegt. In dem zweiten Falle, z. B. beim Flusskrebs finden sich, soweit meine Beobachtungen reichen, auch keine untergehenden Eier, sämmtliche reifen Eier werden schnell abgelegt.

Unter den *Hirudineen* finden wir bei *Nephelis* keine Eier, welche durch eindringende *Leucocyten* zu Grunde gehen. Der Grund ist leicht einzusehen. Sobald sich eine Anzahl Eier abgelöst haben, bildet das Thier einen Cocon und legt die Eier ab, selbst dann, wenn noch keine Begattung stattgefunden hat. Eine Verzögerung des Aufenthaltes im Uterus findet nicht statt. Bei *Aulastoma* hingegen findet schon lange vor der Bildung der Cocons eine Ablösung der Eier statt. *Leucocyten* finden sich bei *Nephelis* sogut wie bei *Aulastoma*. Die Annahme einer physiologischen Nothwendigkeit der Auflösung von Eiern behufs besserer Ernährung der andern ist mir in Folge dieser Betrachtung sehr zweifelhaft geworden.

Auch in den männlichen Geschlechtsorganen der Säugethiere werden reife oder halbreife Spermatozoen einer Brunstperiode nicht in die nächste mit hinüber genommen, sondern gehen unter. Die Hodenkanäle von *Mus musculus*, *silvaticus*, *Arvicola arvalis*, *Sorex araneus*, *Vespertilio pipistrellus* enthalten im Januar keine Spermatozoen oder deren Entwicklungsstufen, sondern nur *Leucocyten*-ähnliche Zellen.

Echinodermata. (Taf. VII.)

Zeit der Geschlechtsreife.

Im März während eines 14tägigen Aufenthaltes fand ich in Ostende alle am Strande vorkommenden Exemplare von *Asteracanthion rubens* reif. Man kann sie dann zur Ebbezeit in beliebiger Menge finden. Im November war dort die Reife noch nicht eingetreten. Da, wie Greef bemerkt, diese Species in verschiedenen Tiefen vorkommt, so ist die Reifezeit derselben verschieden. Greef*) hatte z. B. Exemplare von *A. rubens* im Mai, bei denen die Weibchen, aber nicht die Männchen geschlechtsreif waren. Fol**) nimmt nach seinen Beobachtungen in Messina an, dass *Asteracanthion glaciale* intermittirend etwa alle zwei Monate geschlechtsreif wird. Von den *Echinus*arten des Mittelmeeres nehmen die Fischer an, dass ihre Geschlechtsreife monatlich eintritt, eine Ansicht, welche auch von Fol getheilt wird. Hoffentlich bringen uns die Beobachtungen der überall so glücklich aufblühenden zoologischen Stationen Einsicht in diese, wie man sieht, noch unvollständigen Beobachtungen. Ein schöner Anfang dazu ist ja durch Gräffe***) bereits gemacht.

Bildung der Eier.

Die Geschlechtsorgane von *A. rubens* werden durch verästelte Schläuche gebildet, welche aus drei Schichten bestehen (Fig. 11). Ein äusseres Epithel, welches mit dichtstehenden kurzen Wimpern besetzt, eine mittlere Schicht aus Muskeln und Bindegewebe, eine innere Schicht das Stroma, welches aus einem Protoplasma mit vielen Kernen besteht und auf seiner innern freien Fläche Wimperhaare von ungewöhnlicher Länge trägt. Einzelne Kerne werden besonders gross und um dieselben häuft sich Protoplasma an. Dadurch wird diese Stelle höckerartig hervorgetrieben. Das Zellterritorium, welches den vergrösserten Kern — das Keimbläschen — umgiebt, sondert sich nun von dem dünnen Ueberzug, welcher kleine

---

*) Greef, Ueber den Bau und die Entwicklung der *Echinodermen*. 5. Mittheilung. Sitzungsberichte der Gesellschaft zur Beförderung der Naturwissenschaften zu Marburg. Mai 1876.

**) Fol, *Recherches sur la fécondation et le commencement de l'Hénogénie chez divers animaux. Mémoires de la société de physique et d'histoire naturelle de Genève.* Tom. XXVI. (1879.) S. 7.

***) Gräffe, Uebersicht der Seethierfauna des Golfes von Triest, nebst Notizen über Vorkommen, Lebensweise, Erscheinungs- und Fortpflanzungszeit der einzelnen Arten. I. die *Echinodermen*. Arbeiten des zoologischen Institute zu Wien. Tom. III. Heft 3.

Kerne enthält, durch einen Zwischenraum ab. Dieser Zwischenraum wird hervorgebracht durch die Entstehung einer radiär gestreiften Zona pellucida, die zuerst sehr zart, allmählig dicker wird. Die Basis des Höckers verlängert sich stielförmig (Fig 13.). Endlich reisst der Stiel ab. Das Ei fällt in die Höhle des Ovarium. An dem abgefallenen Ei kann man noch den Ueberzug aus Protoplasma mit Kernen, welche sich nun, wie Fol nachgewiesen hat, in einzelne Zellen mit polyedrischer Begrenzung differenziren und vereinzelt darauf stehende noch schlagende Wimpern erkennen. Diese Entstehung der Eier von *Asteracanthion* ist genau so, wie sie Semper[*]) bei den *Holothurien* beschreibt. In beiden Fällen kommt es zur Bildung eines Follikels um jedes Ei. Auch bei den Seeigeln entsteht ein Follikel, soviel ich mich erinnere, in gleicher Weise, wenn es auch bisher nicht beschrieben worden ist.

Nach den Beobachtungen Selenka's bei *Toxopneustes variegatus* treten während der Ausbildung des Eis zahlreiche strahlenartige Fortsätze des Dotters durch die Zona pellucida. Solche wenn auch viel zartere Fortsätze findet man auch bei *Asteracanthion*. Dass diese Fortsätze in ähnlicher Weise, wie ich dies z. B. für *Aulastoma* und *Piscicola* beschrieben habe und wie man es jetzt wohl allgemein annimmt, mit den Follikelzellen communiciren, möchte ich annehmen. Deutlich ist diese Communication am Stiel, nicht bloss da, wo der Stiel des Follikels und der Stiel des Eis beide nach der Ovarialwand gehen, wie bei den *Asteriden* und *Echinoiden*, sondern auch bei den *Holothurien*, wo der Follikel mittelst eines Stieles an der Ovarialwand sitzt, aber das Ei einen dicken Protoplasmafortsatz nach der Follikelwand sendet, wie man aus den Abbildungen Semper's[**]) deutlich ersehen kann.

Diese Verbindungen des Dotters mit dem Follikelepithel und dem Stroma schwinden beim Reifen des Eis. Wenn sie zart waren, hinterlassen sie in der Zona pellucida höchstens Spuren in Gestalt einer radialen Streifung, wenn sie aber stark waren und bis zur Ablösung des Ei's erhalten bleiben, entsteht eine Lücke in der Zona pellucida. So entsteht bei den *Holothurien* der von Joh. Müller entdeckte und Micropyle genannte Gang und ein ähnlicher weniger scharf begränzter findet sich bei *Asteracanthion rubens* (Fig. 2). Die *Echinoiden* haben keine Mikropyle. Die Verbindungen zwischen Dotter und Stroma und Follikelepithel sind unter allmähliger Verdünnung geschwunden.

Dass das Follikelepithel die Fähigkeit hat, amöboide Fortsätze durch die Zona pellucida zu senden, kann man sehr oft bei *A. rubens* beobachten. Lässt man aus dem geöffneten Ovarium Eier in Seewasser ausströmen, so treten viel Eier aus, welche noch mit Follikelepithel bedeckt sind. Nach einiger Zeit sendet das Epithel ziemlich dicke Fortsätze durch die Zona pellucida hindurch, welche bis zur Dotterhaut gelangen.

---

[*]) Semper, Reisen im Archipel der Philippinen. 2. Theil. Wissenschaftliche Resultate. Bd. I. *Holothurien*. 1868. S. 142.

[**]) A. a. O. Taf. XXXVI. Fig. 8 u. 10.

Die Zona pellucida ist eine anfangs dünne, allmählich sich verdickende Haut, die man als p r i m ä r e Eihaut bezeichnen darf. Bei *Asteracanthion* ist dieselbe körnig, bei den *Echiniden* gallertartig, immer geht sie nach der Befruchtung unter. Unter der Zona entsteht im Follikel eine neue, s e c u n d ä r e Ei- oder Dotterhaut.

Asteracanthion rubens.

Ablösung des Ei's und dessen Veränderungen bis zur Befruchtung.

Das reife abgelöste Ei verliert noch im Ovarialschlauche das Follikelepithel. Die Zona pellucida (Fig. 2) umgiebt das Ei, indem sie dicht der Dotterhaut anliegt und nur an einem Pol des länglichen Ei's von derselben absteht, als ob sie an| dieser Stelle geborsten wäre. An dieser Stelle hat auch die Dotterhaut eine Lücke, aus welcher der Dotter als ein Hügel hervortritt. Dieser Hügel wird zum Richtungsbläschen. Auch beim Seeigelei tritt an einer Stelle der Dotter als ein Tröpfchen hervor. Die secundäre Eihaut hängt, wie schon der Anblick und noch mehr die Phänomene während der Befruchtung zeigen, stetig mit dem Dotter zusammen.

Der Inhalt des Dotters.

Der Dotter besteht aus einem hellen Protoplasma, welches frei von Körnchen nur an dem Hügel ist, sonst aber verschiedne andere Bestandtheile enthält. Zuerst (Fig. 4) enthält es helle Kugeln von Lecithin, welche schon in verdünnter Essigsäure löslich sind, dann viele dunkle feine und sparsame grössere Protoplasmakörner, welche in Essigsäure sich nicht verändern.

In den reifen Eiern sind die Körnchen immer in einer schwachen Molekularbewegung begriffen, welche nicht ausschliesslich von dem eindringenden Seewasser herrühren kann, da diejenigen Eier, welche noch nicht befruchtungsfähig sind, unter sonst gleichen Verhältnissen diese Bewegung nicht zeigen. Der Rand des Dotters zeigt eine radiale Zeichnung, welche von Streifen einer röthlichen durchsichtigen Flüssigkeit herrührt. Es ist die schon von früheren Beobachtern gefundene Zona radiata. Die Zona radiata ist jedoch keineswegs ein Zeichen der Reife des Eis, sie tritt auch an Eiern auf, die durch ihr späteres Verhalten ihre Un-reife zeigen.

Das Keimbläschen ist kugelförmig, besitzt einen grösseren Keimfleck und eine recht deutliche Membran.

Eine besondere Erwähnung verdient die Einwirkung von Essigsäure auf das Ei. Die Zona pellucida löst sich darin auf. Lässt man verdünnte Essigsäure oder essigsaures Karmin darauf wirken, so tritt in dünnen Strahlen durchsichtiges Protoplasma aus der Dotterhaut her-vor. Durch die Quellung des Lecithin in Essigsäure muss der Druck innerhalb des Eis sich vermehren und man kann den Austritt wohl als Folge desselben betrachten. Zugleich dürfte man aber auch daraus schliessen können, dass die Dotterhaut Poren besitzt.

6

Lässt man aus dem geöffneten Eierstock Eier in Seewasser austreten, so sind darunter reife und unreife, unter den letztern solche, welche wie es scheint, schon normal sich abgelöst haben und solche, welche erst in Folge der Verletzung des Eierstocks abgelöst sind. Das Keimbläschen der unreifen Eier bleibt unverändert, das der reifen Eier beginnt aber sofort sich zu verändern. Ein Theil dieser Veränderungen ist von E. van Beneden, Greef und besonders eingehender von Fol beschrieben worden. Allein in seiner vollen Stärke ist dieser Vorgang noch von keinem dieser Beobachter gesehen.

Man muss die Eier zur Beobachtung mit einem wegen der Anwendung der Immersionslinsen sehr dünnen Deckglas bedecken. Das Deckglas war immer mit Füsschen versehen. Siegellackfüsschen fand ich vortheilhafter als Wachsfüsschen, damit man die Eier leichter rollen kann. Allein der Aufenthalt unter dem Deckglas schwächt die Erscheinungen ab. Ich habe deshalb die Eier in ein grösseres Gefäss mit Seewasser gebracht und von Zeit zu Zeit mittelst der Pipette frische Eier daraus entnommen.

Wie schon früher beschrieben ist, theilt und verkleinert sich der Keimfleck, und die Membran des Keimbläschens wird dünner, nach 20 Minuten hat das Keimbläschen schon seine runde Gestalt verloren, es bilden sich Zacken daran. Nach einer Stunde ist der Keimfleck sowie die Membran so ziemlich verschwunden, das unregelmässig zackige Keimbläschen besteht aus einer durchsichtigen röthlich glänzenden flüssigen Masse. Die Bewegungen sind noch langsam. Nach Verlauf von zwei Stunden hat die Bewegung ihren Höhepunkt erreicht (Fig. 1). Plötzlich schiessen aus dem Keimbläschen eine Menge bis 20 Strahlen, welche an die Oberfläche des Dotters dringen und dort jede einen Stern von kleinern Strahlen bilden. Der ursprüngliche Raum des Keimbläschens verliert dem entsprechend an Grösse. Die Strahlen ziehen sich wieder zurück und neue Strahlen treten heraus. Nachdem dieser Vorgang eine Zeit gedauert hat, werden die Bewegungen langsamer und es bilden sich ein oder zwei von einander entfernte Strahlenbüschel um zwei bläschenförmige Mittelpunkte, welche aber sichtlich durch Ausläufer verbunden sind. Allein die Strahlen sind nicht linienförmig, sondern gebogen und unregelmässig. Durch essigsaures Carmin werden die Strahlen etwas dunkel gefärbt, und treten wegen der gleichzeitig stattfindenden Lösung des Lecithin sehr deutlich hervor (Fig. 3 u. 9). Die Strahlen des Amphiaster werden nun gradlinig. Es bildet sich eine Kernspindel mit den Polbüscheln. Diese Kernspindel ist nun so oft abgebildet, dass ich sie übergehe. Sie ist in derselben Weise beschaffen, wie ich dies für die *Nematoden* und *Hirulineen* beschrieben habe. Sicher besteht sie hier nicht aus Fasern mit einer Anschwellung. Ja ich kann bei *Asteracanthion* nicht einmal deutlich eine Aequatorialplatte aus festen Körperchen sehen. Am frischen Ei ist sicher nichts davon zu sehen. Weder Essigsäure noch essigsaures Carmin haben mir gefärbte Fasern oder deren Anschwellung gezeigt, obgleich ich die besten Linsen (homogene Immersion von Zeiss) angewendet habe. Dagegen wurden gerade bei

Asteracanthion die Polbüschel und die Kernspindel durch essigsaures Carmin ungewöhnlich tief gefärbt. Die Kernspindel rückt nach der Peripherie des Dotters und zwar an den Hügel, welchen wir als den Rest des Eistieles erkannt haben. Hier findet die Abschnürung der Richtungsbläschen statt. Ein bis zwei Bläschen entstehen, wobei wahrscheinlich ein Theil der Strahlen des Keimbläschens in die Bläschen eintritt. Ich kann nicht verhehlen, dass es mir unmöglich war, diesen Vorgang in der Genauigkeit zu verfolgen, mit welcher ihn z. B. Fol beschreibt.

Die *Echinodermen* weichen von allen oben beschriebenen Thieren in sofern ab, als dort das Richtungsbläschen sich erst nach dem Eindringen der Spermatozoon bildete, hier aber vorher. Darin kommen aber alle von mir genau untersuchten Thiere überein, dass die Abtrennung der Richtungsbläschen vom Dotter erst nach dem Eintritt der Spermatozoen stattfindet. Der Unterschied zwischen der Bildung der kugelförmigen Einschnürung des Protoplasma und ihrer Abtrennung ist bisher nicht berücksichtigt worden.

Ist die Bildung der Richtungsbläschen beendet, so geht die Kernspindel zurück und erhält wieder zackige Umrisse. Die Strahlenbüschel schwinden wieder und es bilden sich Figuren verschiedener Art, wie in den Stadien vor der Bildung der ersten Kernspindel.

Eindringen der Spermatozoen.

Wenn man die Eier mit dem Sperma zusammenbringt, so finden sich die Spermatozoen sofort an den Eiern, mit dem Vorderende an der Zona pellucida tastend. Man muss sogar eilen um ein Ei zu finden, in welches noch keine Spermatozoen gedrungen. Indessen gelingt es nach einigen Uebungen bei jedem Versuch eindringende Spermatozoen zu sehen. Am besten eignen sich zur Beobachtung solche Eier, bei welchen ein Spermatozoon eben in die Zona pellucida eindringt. Dann bemerkt man, wie dasselbe innerhalb der Zona am Vorderende kleine Anschwellungen erhält (Fig. 5 A. u. B.); an der Dotterhaut angekommen, bohrt es sich ein und dringt, so dass man ihm eben folgen kann, vollständig in den Dotter hinein. Weiter lässt sich dasselbe nicht verfolgen. Innerhalb des Dotters angelangt, muss es sofort seine Bewegungen einstellen, denn sonst müsste man wohl die Körnchen des Dotters im Umkreis der Eintrittsstelle in Bewegung sehen, was mir, trotzdem ich das Eindringen wiederholt und mit der grössten Aufmerksamkeit verfolgte, nie gelungen ist. Auch das ist mir unwahrscheinlich, dass bei *A. rubens* das Spermatozoon sich etwa kugelförmig zusammenzieht, da ich auch nicht glauben kann, dass mir dieser Vorgang entgangen sein würde. Weder am frischen Ei, noch nach Anwendung von essigsaurem Carmin habe ich einen Körper gefunden, welchen man als aus dem Spermatozoon hervorgegangen ansehen dürfte.

Das Eindringen findet an jeder beliebigen Stelle der Zona statt, nur an der Mikropyle sah ich dasselbe nie. Daraus folgt aber keineswegs, dass an diesem Punkt das Spermatozoon

6*

nicht eindringen kann. Es ist sehr möglich, dass man das Eindringen an dieser Stelle nur deshalb nicht sieht, weil es zu schnell vor sich geht. Dass man das Eindringen der Spermatozoen bei den Seesternen nach den Beobachtungen von Fol und mir verhältnissmässig leicht sieht, kommt daher, dass die Zona pellucida einen gewissen Widerstand leistet. An der Dotterhaut angekommen, wird das Eindringen des Spermatozoon sofort schneller.

Mehr als ein Spermatozoon habe ich niemals eintreten sehen. Fol hat allerdings mehrere eindringen sehen, erklärt aber das Eindringen eines Spermatozoon bei *Asteracanthion* und überhaupt bei allen Thieren als den normalen Vorgang, der allein zu einer normalen Entwicklung führt. Diese Ansicht scheint mir nicht begründet. Wenn man in der That immer nur ein Spermatozoon eindringen sieht, so muss man bedenken, dass man nur einen, den für das gerade vorliegende Ei grössten optischen Querschnitt im Auge behalten kann und muss. Was in den andern Querschnitten vor sich geht, entzieht sich bei der doch immerhin bedeutenden Grösse des Eis vollständig dem Blicke.

Es versteht sich von selbst, dass man zur Beobachtung des Eindringens sich des Deckglases bedienen muss. Selenka hat, wie er angiebt, das Eindringen der Spermatozoen bei den Seeigeln im hängenden Wassertropfen einer Feuchtkammer beobachtet. Ich habe diese Methode ebenfalls versucht, aber keinen Erfolg erzielt. Die Schwierigkeiten sind dabei sehr gross, ich will darauf nicht eingehen, ich überlasse es Anderen darüber zu urtheilen.

Bei der Untersuchung unter dem Deckglas tritt nun, sowie das Spermatozoon die secundäre Eihaut berührt hat, eine auffallende Wirkung ein. Ueber die Dotterhaut läuft eine leichte Kräuselung. Darauf beschränkt sich die Wirkung in den meisten Fällen, aber es bilden sich auch kleine mehr oder weniger starke Fortsätze, welche Fol entdeckt hat. Diese Reaction unter dem Deckglase ist jedoch nicht die normale. Bringt man Eier in einem kleinen Gefäss bei schwacher Vergrösserung unter das Mikroskop und setzt nun einen Tropfen Saamen hinzu, so tritt beinahe augenblicklich an allen Eiern eine starke Wirkung ein. Die Eier bewegen sich fast peristaltisch und bedecken sich mit buckelförmigen Fortsätzen (Fig. 7). Das Eindringen der Spermatozoen kann man natürlich nicht sehen. Allein man wird es jedenfalls als wahrscheinlich zugeben, dass an jedem Buckel ein Spermatozoon eingedrungen ist.

Die Buckelbildung findet nur an denjenigen Eiern statt, welche reif sind und deren Keimbläschen sich strahlenförmig in dem Dotter vertheilt haben. Daneben finden sich aber unreife Eier, daran leicht erkenntlich, dass ihr Keimbläschen trotz längeren Aufenthaltes im Seewasser kugelförmig geblieben ist. Auch in diese dringen die Spermatozoen ein. Die Wirkung ist etwas anders. Es bilden sich daran (Fig. 6) hyaline breite und flache Fortsätze, welche an ihrem freien Ende in feinere Zacken auslaufen. Die Dotterhaut überzieht die Fortsätze ohne Unterbrechung, hat sich aber so verdünnt, dass sie sich nicht mehr unterscheiden lässt. Derartige Eier furchen sich jedoch nicht.

Nach kurzer Zeit schwinden die buckelförmigen Fortsätze der reifen Eier, das Perivitellin tritt auf, die Dotterhaut hebt sich ab und bildet eine geschlossne Membran, an welcher keine Spur der Mikropyle zurückbleibt.

Jetzt lösen sich auch die Richtungsbläschen von dem Dotter ab. Die Bildung der Richtungsbläschen braucht noch nicht vollendet zu sein, wenn die Befruchtung eintreten kann. Fol behauptet nun (S. 29 u. 97), dass die Richtungsbläschen, wenn ihre Bildung vor dem Eintritt der Befruchtung vollendet war, ausserhalb der Dotterhaut zu liegen kommen; wenn ihre Bildung noch nicht vollendet war, innerhalb der Dotterhaut. Ich habe diesem Gegenstand meine besondere Aufmerksamkeit gewidmet und festgestellt, die Richtungsbläschen liegen stets in dem Perivitellin, also innerhalb der Dotterhaut. Es scheint mir, dass Fol durch Präparate, welche in Osmiumsäure, Picrocarmin etc. gelegen haben, zu dieser Ansicht verleitet worden ist. So lehrreich die Anwendung dieser Reagentien ist, sind die Veränderungen, welche die Eier dadurch erleiden, so gross, dass sie Irrthümer herbeiführen können.

Nach der Befruchtung bildet das Keimbläschen wieder eine aus zwei Sternen bestehende Figur in derselben Weise, wie dieselbe der Bildung der ersten Kernspindel vorausgeht und wie dies oben beschrieben wurde. Die nun entstehende zweite Kernspindel, welche die Furchung einleitet, ist genau so beschaffen wie die erste. Es gilt von ihr namentlich dasselbe, was ich über angebliche Fasern der Kernspindel und ihre Aequatorialplatte gesagt habe.

Fol fasst die Veränderungen des Keimbläschens während des Aufenthaltes im Seewasser so auf, dass sie zur Bildung eines weiblichen Pronucleus führen. Die Gestalt des Keimbläschens ist allerdings verändert. Allein alle Veränderungen betreffen nur die Gestalt und führen nicht zum Verlust irgend eines Theiles ausser dem sehr unbedeutenden, welcher in die Richtungsbläschen eintritt. Wenn der sichtbare Theil des Keimbläschens kleiner erscheint, als das ursprüngliche, so muss man bedenken, dass es feine Ausläufer aussendet. Es ist wahrscheinlich, dass *A. rubens*, welches ich beobachtet, sich anders verhält, als *A. glaciale*, welches Fol beobachtete. Er giebt an, dass das befruchtungsreife Ei von *A. glaciale* einen Keimfleck hat, wie die Eier der *Echinus*arten, wenn sie in demselben Stadium sind. Die letzteren haben einen sehr kleinen hellen Fleck als den letzten sichtbaren Rest des Keimbläschens. Bei *A. rubens* ist dies niemals der Fall. Stets habe ich mit Hülfe des essigsauren Carmins von dem runden oder zackigen Theil des Keimbläschens soviel Strahlen ausgehen sehen, dass man auf den Gedanken einer Verkleinerung des Keimbläschens gar nicht kommen kann. Nach Fol soll nun das eindringende Spermatozoon das Material zur Entstehung eines neuen Sternes des männlichen Pronucleus liefern. Es ist mir nichts bekannt, was diese Behauptung bei *A. rubens* rechtfertigen könnte. In der That entsteht ein zweiter Stern, ich glaube aber, Niemand ist im Stande, das eingedrungene Spermatozoon so lange im Ei zu verfolgen, um nur zu sehen, dass dieser Stern um dieses Spermatozoon sich bildet. Selbst wenn dies geschähe, so wäre damit noch keineswegs bewiesen, dass das Spermatozoon das Material zu dem Aufbau des Sternes liefert. Es entsteht in der That ein zweiter Stern, aber in der Weise, dass eine gewisse Masse des Keimbläschens sich an einem Punkte ansammelt und Strahlen aussendet. Wäre die ungemeine Schnelligkeit der Gestaltsveränderung des Keimbläschens den früheren Beobachtern bekannt gewesen, würden sie keine andere Entstehungsweise angenommen haben. Der zweite Stern ist immer etwas entfernt und rückt auf den ersten zu. Aber beide sind nur Theile des einen Keimbläschens.

Eine besondere Erwähnung verdienen die pathologischen Entwicklungszustände, welche sich so häufig bei *A. rubens* finden. Fol hat einen eigenen Abschnitt seines Werkes über-

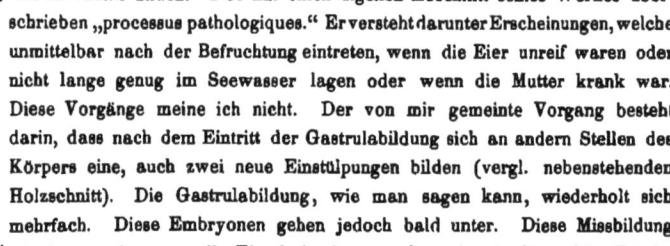

schrieben „processus pathologiques." Er versteht darunter Erscheinungen, welche unmittelbar nach der Befruchtung eintreten, wenn die Eier unreif waren oder nicht lange genug im Seewasser lagen oder wenn die Mutter krank war. Diese Vorgänge meine ich nicht. Der von mir gemeinte Vorgang besteht darin, dass nach dem Eintritt der Gastrulabildung sich an andern Stellen des Körpers eine, auch zwei neue Einstülpungen bilden (vergl. nebenstehenden Holzschnitt). Die Gastrulabildung, wie man sagen kann, wiederholt sich

Larve von *A. rubens*
mit pathologischer Ein-
stülpung.

mehrfach. Diese Embryonen gehen jedoch bald unter. Diese Missbildung tritt immer ein, wenn die Eier befruchtet werden, ehe sie die nöthige Zeit im Seewasser lagen. Das Ei hat, wie mir scheint, dann nicht hinreichend Wasser in sich aufgenommen, die Dotterhaut bleibt in Folge dessen zu eng und erlaubt dem Embryo nicht sich genügend auszudehnen. Man kann diese Missbildungen vielleicht als Anfänge zu Zwillings- und Drillingsgestalten betrachten.

Echinoidea.

Zur Zeit der Reife sind die Ovarien der Seeigel immer voll von reifen Eiern, welche sich alle auf gleichem Stadium befinden. Dieselben verhalten sich auch gleichmässig in allen von den verschiedenen Beobachtern beschriebenen Fällen und Species; bei *Sphaerechinus microtuber-culatus*, *Strongylocentrus lividus*, *Toxopneustes brevispinosus* und *variegatus*, *Psammechinus miliaris*. Immer liegt in der sehr durchsichtigen Zona pellucida der ziemlich durchsichtige Dotter, umgeben von einer Dotterhaut, welcher ein oder zwei Richtungsbläschen aufsitzen. Im Innern des Dotters liegt ein heller Fleck, welcher von O. Hertwig und seinen Nachfolgern als weib-licher Pronucleus bezeichnet wird. Die Entstehung dieses Flecks aus dem bläschenförmigen grossen Keimbläschen ist nicht so leicht zu beobachten, wie die des entsprechenden Stadiums bei *Asteracanthion*. Doch geht sie in ganz ähnlicher Weise vor sich. Von den vielen Beob-achtern der Seeigel haben nur Giard und Hertwig Bruchstücke davon beobachtet.

Giard*) erwähnt, dass das Keimbläschen amöboid wird, dann zu einer Kernspindel mit Strahlenbüscheln. O. Hertwig**) hat die Beziehung dieser ersten Kernspindel zur Bildung der Richtungsbläschen gefunden.

Ich kann diese Beobachtungen dahin ergänzen, dass das ursprünglich runde Keimbläschen sich in ein den Dotter durchziehendes feines Strahlensystem auflöst. Die feste Kernsubstanz hat sich in Kernflüssigkeit umgewandelt. Eier, welche ich im März aus dem Ovarium von *Sphärechinus microtuberculatus* in Seewasser ausströmen liess, hatten noch den Eikern in seiner gewöhnlich runden Bläschenform mit Nucleolus. Unter meinen Augen änderte derselbe im Verlauf von 3 Stunden seine Gestalt so, dass er schliesslich in strahlenförmige Fortsätze von grosser fast zur Unsichtbarkeit gehenden Feinheit umgeändert war. Aus dieser strahlenförmigen Auflösung geht dann die Kernspindel des Richtungsbläschens und nach dessen Bildung der helle Fleck hervor, welchen man gewöhnlich in den Eiern der reifen Ovarien findet und welcher nur der Mitttelpunkt des in ein Strahlensystem aufgelösten Eikernes ist. Essigsaures Carmin macht jedoch diese Strahlen nicht wie bei *Asteracanthion rubens* wieder sichtbar. Das reife Ei ist, was man früher bezweifelte, jetzt aber allgemein anerkennt, mit Richtungsbläschen versehen. Dieselben hängen aber immer mit dem Dotter zusammen.

Das Eindringen der Spermatozoen geht nach meinen Beobachtungen mit einer grossen Schnelligkeit vor sich, welche die bei *Asteracanthion* beobachtete noch übertrifft. Obgleich ich durch meine Beschäftigung mit *Asteracanthion* auf diese Art von Untersuchung wohl vorbereitet war, habe ich niemals ein Eindringen des Spermatozoon gesehen. Die Wirkung der eingedrungenen Spermatozoen ist sofort zu erkennen an den wellenartigen Bewegungen der Dotterhaut, auf welcher dann sofort die Ausscheidung des Perivitellins folgt. Diese Ausscheidung erfolgt allmählich, indem sich der körnerhaltige Theil des Eiinhaltes, der Dotter, zuerst an einzelnen Stellen zurückzieht. Dann nimmt der Dotter eine unregelmässig umschriebene, einer Halbkugel sich nähernde Form an, bis er schliesslich kugelförmig wird. Ist dies geschehen, so treten von einem ausserhalb der Mitte gelegenen Punkte Strahlen von einer matt rothen Farbe auf, genau so wie die Strahlen, in welche sich der Eikern auflöste. Der Mittelpunkt dieses neuen Systems bildet bald einen hellröthlichen runden Raum von derselben Grösse wie der Rest des Eikernes (weiblicher Pronucleus d. Autoren). Gleichzeitig beginnen auch Strahlen sichtbar zu werden, welche von dem Rest des Kernes ausgehen. Dies ist der häufigste Verlauf. Nicht selten — nach einer oberflächlichen Schätzung — in 20 % der Fälle tritt aber die Strahlung zuerst an dem centralen Fleck und dann an einem excentrischen auf.

*) Giard, *Note sur les premiers phénomènes du développement de l'Oursin (Echinus miliaris). Comptes Rendus de l'Académie des Sciences de Paris 9 avril 1877.*
**) O. Hertwig, Beiträge zur Kenntniss der Bildung, Befruchtung und Theilung des thierischen Eies. 3. Theil Morphologisches Jahrbuch, herausgegeben von Gegenbaur. IV. Bd. (1878). S. 194.

Noch müssen wir des Schicksals des Richtungsbläschens gedenken. Kurz nach dem Beginne der Perivitellinbildung löst es sich plötzlich ab und zerfällt, indem es förmlich in feine Kugeln zerstäubt. Man sieht deshalb in den nun folgenden Stadien kein Richtungsbläschen an den Seeigeleiern. Wenn sich die beiden Strahlensonnen genähert haben, tritt eine Verbindung zwischen ihnen ein und es entsteht die Kernspindel, der Vorläufer der Zweitheilung.

Die Zahl der eindringenden Spermatozoen lässt sich nicht ermitteln. Dass, wie sämmtliche Autoren angeben, normal nur eines eintritt, dafür ist bis jetzt kein Beweis erbracht.

Beobachtet man die Befruchtung in der Weise, dass man ein mit Seewasser und Eiern gefülltes kleines und flaches Gefäss unter einer schwachen Vergrösserung betrachtet und einen Tropfen mit Seewasser verdünnten Saamen hinzubringt, so sieht man das Eindringen fast augenblicklich stattfinden, wie man aus dem Eintritt der Kontraction und Abhebung der Dotterhaut erkennen kann. Buckelförmige Erhebungen wie bei *Asteracanthion* treten nicht auf.

Dies sind die Thatsachen, welche ich wiederholt und übereinstimmend an *Strongylocentrus lividus*, *Sphärechinus microtuberculatus* und *Toxopneustes brevispinosus* habe finden können.

Der geneigte Leser, welcher die Untersuchungen Selenka's[*]) und Fol's über diesen Gegenstand kennt, wird sich wundern, dass es mir nicht gelungen ist, die Erscheinungen zu sehen, welche diese Autoren beschreiben. Selenka und Fol sahen ein Spermatozoon eindringen. Um das Köpfchen und den Schwanz des Spermatozoon bildete sich eine Strahlensonne, worauf dasselbe sich kugelförmig zusammenzieht. Die Strahlensonne sammt dem kugelförmigen Spermatozoon wandert nun nach dem hellen Fleck, dem sogenannten weiblichen Pronucleus. Dort vereinigt sich das Spermatozoon mit dem weiblichen Pronucleus zu einem Furchungskern. Den Furchungskern unterscheiden sie von den Strahlen, welche sie nur als Theile des Dotters betrachten. Aus dem Furchungskern entsteht die Kernspindel der Zweitheilung.

Einen gewissen Trost gewährt es mir, dass nicht nur O. Hertwig, der Erfinder der Theorie von der Entstehung eines Furchungskernes aus einem männlichen und weiblichen Pronucleus offen und ehrlich zugesteht, das Eindringen der Spermatozoen nicht gesehen zu haben, sondern dass auch Flemming[**]), welcher im übrigen die Hertwig'sche Theorie billigt, sich über die Angaben Fol's und Selenka's etwas skeptisch ausdrückt. Flemming sagt (S. 15): „Die Verfolgung des Spermatozoon im lebenden Ei ist, wie es die Ergebnisse der Vorgänger zeigen, schwierig; ich habe an meinen Objecten im lebenden Zustand nicht mehr gesehen, als Hertwig und noch weniger als Selenka, indem ich von dem Schwanze des schon ganz im Eikörper befindlichen Saamenfadens nichts mehr wahrnehmen konnte. Dagegen ist der Kopf desselben, d. i. das von den Autoren beschriebene Centralkörperchen des Spermakernes, bald

---

[*]) Selenka, Zoologische Studien. 1878.
[**]) Flemming, Beiträge zur Kenntniss der Zelle und ihrer Lebenserscheinung. III. 1. Theil. Archiv für mikroskopische Anatomie. Herausgegeben von Waldeyer. Bd. XX. (1882). S. 1 u. ff.

nach dem Eindringen auch im Leben erkennbar, aber doch nur so blass und verwaschen, dass ich mich mit Studien ohne Reagentien daran nicht lange bemüht, sondern gleich zum Essigcarmin gegriffen habe . . . ." Vergleicht man diese vorsichtige Aeusserung Flemming's mit der Figur 12. Selenka's, wo der Saamenfaden in handgreiflicher Deutlichkeit halb im Dotter, halb in einem Protoplasmafortsatz nach aussen liegend, umgeben von einem Strahlenkranz abgebildet ist, kann man wohl die Vermuthung nicht unterdrücken, dass Selenka einer Täuschung unterlegen ist. Dabei hat Selenka dieses Bild gesehen 8 Minuten nach dem Eindringen des Spermatozoon, ein Umstand, der meinen Zweifel noch verstärkt, denn zu dieser Zeit hat normaler Weise das Spermatozoon seine Gestalt längst verloren. Ganz anders und nicht entfernt so handgreiflich, als die Abbildungen Selenka's sind die Fol's Taf. V. von *Toxopneustes lividus*. Das Saamenkörperchen stellt in diesen Abbildungen sofort nach dem Eindringen am Rande des Dotters ein winziges Kügelchen dar von einer Grösse, die es nicht von andern im Dotter suspendirten Kügelchen unterscheiden lässt.

Wenn Flemming das Centralkörperchen des Spermakernes im Leben blass und verwaschen, ich aber überhaupt nicht finde, so ist der Unterschied unsrer Ansichten über das Aussehen des betreffenden Körpers im lebenden Zustand nicht gross. Habe ich auch das Eindringen der Spermatozoen nicht gesehen, so aber doch ungezählte Mal das Auftreten des sogenannten männlichen Pronucleus. Niemals aber trotz der Anwendung der besten Linsen (eine homogene Immersion von Leitz, gefertigt 1881) habe ich ein festes Körperchen von nennenswerther Dimension darin entdecken können.

Flemming giebt nun an, dass besonders durch Anwendung essigsauren Carmins das eingedrungene Spermatozoon deutlich gefärbt wird. Er bildet ein tief roth gefärbtes kegelförmiges Körperchen ab, welches im Mittelpunkt der Strahlen des sogenannten männlichen Pronucleus liegt.

Dazu muss ich zunächst bemerken, dass nach Fol das Körperchen rund, nicht kegelförmig ist, ein Widerspruch, der bei der Einfachheit der hier vorkommenden Dinge und dem Mangel hervorragender Eigenschaften sehr erheblich ist und bezweifeln lässt, ob Flemming dasselbe Körperchen wie Fol gesehen hat.

Obgleich ich ferner durch langjährigen Gebrauch mit der Anwendung des essigsauren Carmins vertraut bin und Flemming's Arbeit zur Hand hatte, als ich über den Eiern der Seeigel arbeitete, ist es mir nie gelungen, ein so deutlich gefärbtes in dem Dotter liegendes Körperchen darzustellen, wie Flemming. Flemming selbst rühmt die Vorzüge des von mir schon früher empfohlenen essigsauren Carmin's. Ich muss leider bekennen, so nützlich ich dasselbe bei *Asteracanthion* gefunden habe, so wenig geleistet hat es bei den Seeigeln.

Es ist gewagt, gegenüber Beobachtern, die sich so intensiv mit einem Gegenstand beschäftigt haben, wie namentlich Fol und Flemming, Glauben zu beanspruchen mit einem

7

negativen Resultat. Es handelt sich aber, wie ich bemerken muss, um einen Gegenstand von so wenig characteristischen Eigenschaften, dass bei der grössten Sorgfalt eine Meinungsverschiedenheit möglich ist. Welche Täuschungen dabei vorgefallen, liesse sich nur dann angeben, wenn man die Entstehung ihrer Präparate gesehen hätte. Aber gesetzt auch, dass die Bilder von Selenka und Flemming nicht auf einer Täuschung beruhten, sie beweisen nicht das, was sie sollen. Dass das Keimbläschen, der ursprüngliche Eikern, sich bei den *Echinodermen* strahlenförmig in dem Ei vertheilen kann bis zur Unsichtbarkeit und dass bei den Seeigeln dies geschieht, dass ferner der helle Fleck, welcher sich im Innern der reifen Seeigeleier findet, der einzige nicht strahlenförmig vertheilte Rest des Eikernes ist, darüber kann kein Zweifel bestehen. Wenn nun an einer Stelle des Eis die Strahlen plötzlich deutlicher werden und sich ein neuer heller Fleck bildet, von welchem die Strahlen radial ausgehen, so liegt es doch am nächsten anzunehmen, dass diese Strahlen ganz derselben Natur sind, wie diejenigen, welche ursprünglich von dem Eikern ausgingen. Dass eine solche Umordnung der Strahlen mit grosser Schnelligkeit vor sich gehen kann, lehrt die Beobachtung von *Asteracanthion rubens*.

Ich halte also dafür, das Strahlensystem, welches man um den sogenannten Spermakern entstehen sieht, ist ein Theil des Eikernes, der helle bläschenförmige Fleck ist eine rundliche Ansammlung der Kernflüssigkeit desselben gleichartigen Stoffes, aus welchem auch die Strahlen selbst bestehen. Es ist kein neuer Kern, welcher sich aus dem Sperma gebildet hat. Die Ansicht, welche die sämmtlichen Schriftsteller über die Strahlen der *Echinodermen*eier besitzen, sind unrichtig. Sie sämmtlich halten die Strahlen für Bildungen des Dotters. Die Strahlen sind aber Kern- nicht Dotterstrahlen. Dass sich die Dotterkörner strahlenförmig anordnen, ist eine mechanische Folge der Strahlenbildung des Kernes. Glaubt man, dass die Strahlen dem Dotter angehören und dass der erste helle Fleck im Ei der übriggebliebne Theil des ursprünglichen Eikerns sei, dann freilich ist es nothwendig und richtig zu sagen, der Eikern hat sich grösstentheils aufgelöst. Man hat dann ferner ein Recht zu fragen, woher kommt der grosse Kern, welcher nach der Befruchtung bei der Furchung wieder auftritt? Man wird dann geneigt sein, zu der Antwort zu greifen, welche die Hertwig'sche Theorie bietet. Kennt man aber die Eigenschaften des Keimbläschens, sich wie ein *Rhizopod* in feine Strahlen zu verzweigen, so bedarf es keiner solchen Frage und keiner Antwort.

Abschnitt II.

Das Sperma.

Entwicklung der Spermatozoen.

Trotz der zahlreichen überaus sorgfältigen Untersuchungen kann man dem Ausspruch Hensen's [*]): „Die vorhandenen Angaben über das Detail der Entwickelung der einzelnen Saamenkörperchen sind schwer mit einander zu vereinen" nur beipflichten. Noch einmal diesen schon so vielbehandelten Gegenstand vorzunehmen, ist deshalb nicht überflüssig. Ich werde über die Saamenentwicklung zweier Thiere berichten, welche, wie ich glaube, manche Aufklärung bieten.

1. Nematoden (Taf. II. Fig. 14—23).

Ueber die Saamenentwicklung der *Nematoden* existirt eine reiche Litteratur, für deren Geschichte ich auf die Monographie der *Nematoden* verweise. Die *Nematoden* sind von Reichert als Beispiel der Entwicklung der Spermatozoen aus ganzen Zellen aufgestellt worden, gegenüber der damals herrschenden Kölliker'schen Ansicht, wonach die Spermatozoen nur aus dem Kern entstehen sollten. Im Hoden der *Nematoden* hat man, wenn auch in unvollkommener Weise sehr früh die Strahlenphänomene der Zelltheilung gesehen.

Ich habe am genauesten *Ascaris megalocephala* untersucht. Die frisch aus dem Thier genommenen Hoden geben wegen der Undurchsichtigkeit und der leichten Veränderung, welche sie erleiden, keine klaren Bilder. Legt man die Hoden erst in Alkohol, färbt sie in Essigcarmin und behandelt sie dann wieder mit Alkohol, Nelkenöl und Kanadabalsam, so kann man sehr lehrreiche Präparate herstellen, denn die Zellen schrumpfen kaum ein. Nur die dem blinden Ende näheren Zellen untersucht man besser frisch oder nach Behandlung mit Alkohol und Essigcarmin in Glycerin.

---

[*]) Hensen, Physiologie der Zeugung. S. 84.

7*

Ich übergehe die ersten Stufen der Entwicklung von Hoden und Eierstock, für welche ich auf das in der Monographie der *Nematoden* gesagte verweise, dem ich nichts hinzuzufügen habe.

Zellen der Rhachis, welche dem blinden Ende näher sind, haben einen relativ grossen ellipsoidischen Kern mit einem kugelförmigen ziemlich stark lichtbrechenden Kernkern (Fig. 14). Weiter nach dem Ausführungsgang zu hat der Nucleolus sich gelöst und der Kern enthält viele feinere Körnchen (Fig. 15), welche man selbst bei stärkster Vergrösserung nicht als Theil eines Fadensystems erkennen kann. Das Zellprotoplasma war bis jetzt ziemlich hell, nur wenige feine Körner sind darin. Nun beginnen die Zellen zu wachsen, sie verlieren die Birnform und werden eiförmig. Das Protoplasma füllt sich mit im Vergleich zu den Körnchen der früheren Stadien grösseren und stark lichtbrechenden runden Körnern, welche sich bei *Ascaris megalocephala* nicht in Essigsäure lösen. Trotzdem möchte ich diese bei allen *Nematoden* in den entsprechenden Zellen vorkommenden Körner für Lecithin halten, da sie bei *Strongylus auricularis* sich leicht in Essigsäure lösen, bei *Ascaris megalocephala* also wohl nur eine in Essigsäure unlösliche Modification des Lecithin darstellen.

Jetzt beginnt sich die Zweitheilung vorzubereiten. Bei *Filaria papillosa*, wie ich dies in der Monographie der *Nematoden* erwähnt habe, hängen die Zellen noch während der Theilung mit der Rhachis zusammen, hier aber lässt sich dieser Zusammenhang wenigstens nicht nachweisen. Mit der Vollendung der Theilung haben sich, wie es scheint, die Zellen überall von der Rhachis gelöst. Die Zweitheilung beginnt mit einer Veränderung des Kernes. Der Kern ist nicht proportional der Zelle gewachsen, sondern auf seiner früheren Grösse stehen geblieben. In seinem Innern haben sich 4 runde Nucleoli gebildet und die Membran des Kernes hat sich gelöst (Fig. 16). Auf dem folgenden Stadium zieht sich der Kern in die Länge, dabei bildet er drei Anschwellungen, eine spindelförmige in der Mitte, zwei kuglige an den Polen. Die Pole schicken auch einige Strahlen aus, welche sich jedoch nicht weit in das Protoplasma verfolgen lassen. Die Nucleoli haben sich und zwar ohne Ausnahme in jeder Zelle so vertheilt, dass zwei derselben symmetrisch in der Aequatorialebne der Spindel und je einer in den Polen stehen. Die kugligen Körner des Protoplasma fangen nun an sich an den Polen strahlenförmig zu ordnen. Aus den Kugeln entstehen Stäbchen.

Nun beginnt eine der Aequatorialebne der Kernspindel entsprechende Einschnürung der Zelle sich zu bilden. Die Nucleoli der Aequatorialebne bleiben dabei zunächst stehen, beim Fortschritt der Einschnürung tritt aber je einer der beiden Nucleoli nach den Polen, an denen sich nun je zwei Nucleoli befinden (Fig. 17). Jetzt sind keine kugligen Körner in dem Protoplasma, sondern nur Stäbchen, welche radial nach dem Kern zu gerichtet sind. Diese Stäbchen sind nicht, wie man anzunehmen geneigt sein möchte, Theile des Kernes, sondern aus den Lecithinkörnern entstanden.

Der Kern zeigt einen runden etwas unregelmässigen Umriss. Von demselben ausgehende Strahlen kann man in diesem Stadium gar nicht, in dem vorhergehenden nur sehr wenige und kurze sehen, doch möchten dieselben wohl vorhanden sein, nur zu fein, um mit unsern jetzigen optischen Hülfsmitteln erkannt werden zu können. Die Stäbchen sind vermuthlich in der Weise entstanden, dass wegen der zahlreichen Strahlen des Kernes die Lecithinkörperchen gezwungen sind, ebenfalls eine Strahlenform anzunehmen.

Diese Theilungsfiguren liegen in einer verhältnissmässig kurzen Strecke des bekanntlich sehr langen Hodenschlauch's. Nach Vollendung der Theilung nehmen die Protoplasmakörperchen wieder die runde Gestalt an. Der Kern enthält nur einen, das Licht wenig brechenden sich kaum färbenden kleinen Nucleolus (Fig. 20). Die Spermatozoen treten in dieser Gestalt in das Vas deferens und in dieser Gestalt gelangen sie auch meist bei der Begattung in den Uterus.

In den Uterus gelangt, geht eine grosse Veränderung mit ihnen vor. Es scheiden sich die Körner und die hyaline Grundsubstanz. Die letztere bildet eine Kugel, in welcher die erstern ein Segment einnehmen. In der Mitte des Segmentes kommt der Kern zu liegen. Diese Erscheinung tritt bei allen *Nematoden* ein. Vielleicht ist diese Erscheinung diese be, wie die Perivitellinbildung der Eier. Diese Hyalinbildung kann mitunter schon in dem Vas deferens stattfinden. Sie kann aber künstlich schon auf einer früheren Entwicklungsstufe hervorgebracht werden. Wenn man nämlich die Saamenzellen auf dem Stadium der beginnenden Zweitheilung aus dem Hodenschlauch befreit, so quellen die Zellen auf und die Körnerhaufen ordnen sich in der beschriebenen Weise an. Die Flüssigkeit, in welcher man sie untersucht, wird wahrscheinlich aufgenommen. Dies geschieht, gleichgültig ob man reines Wasser, oder Kochsalzlösung, oder verdünntes Eiweiss anwendet. Es scheint mir aber, dass die Imbibition nicht die alleinige Ursache dieser Erscheinung ist, sondern das Nachlassen des bedeutenden Drucks, unter welchem sich der Inhalt des Hodenschlauches befindet, dabei mitwirkt.

Diese künstliche Hyalinbildung geht nur an den unreifen Saamenkörpern vor sich. Die reifen Saamenkörper des Stadium (Fig. 20) werden durch Wasser bei keinem *Nematoden* verändert, Hyalinbildung findet bei denselben nur im Uterus statt.

Mit diesem Stadium ist bei einigen *Nematoden*, z. B. den Gattungen *Pelodera* und *Leptodera* die Entwicklung abgeschlossen. Bei vielen andern wie z. B. bei den *Ascaris*arten geht nun eine weitere Veränderung vor sich, welche schon im Vas deferens beginnen kann, meist aber erst im Uterus beginnt und nur da zu ihrer Vollendung geführt wird.

Es beginnt die körnige Substanz sich zu verdichten. Die Körnchen fliessen zusammen und bilden eine feste im Vas deferens halbkugelförmige (Fig. 21), im Uterus kegelförmige Schaale. Diese Schaale wird immer dicker (Fig. 22), indem immer mehr Körnchen von diesem Verdichtungsprocess ergriffen werden. Endlich erfährt auch der Kern diese Umwandlung (Fig. 23) und schliesslich auch die hyaline Substanz (Fig. 24). Das Spermatozoon ist in eine fettglänzende Masse verwandelt. Dieser Vorgang rührt nur von einer Verminderung des Wassergehaltes her. Durch Einwirkung von Kochsalzlösung stärkerer Concentration kann man die Spermatozoen verschiedener *Nematoden* in solche homogene fettglänzende Körper verwandeln.

Für die Befruchtungsfähigkeit ist es nicht nothwendig, dass die Spermatozoen bis zum Stadium des homogenen Kegels geschritten sind. Mit gleicher Wirkung dringen Spermatozoen ein, wenn die körnige Substanz vollkommen erhalten ist. Die Umwandlung hängt offenbar nur von der Zeit ab, welche bis zum Eindringen in das Ei verflossen ist. An jungen Thieren sind die Spermatozoen beim Eindringen körnig. Bei älteren Thieren, deren Uterus mit Eiern erfüllt ist, findet das Vordringen der Spermatozoen, welches bekanntlich durch amöboide Bewegungen geschieht, langsamer statt, deshalb findet man bei ihnen die homogene Modification. Bei kleinen *Nematoden* mit kurzem Uterus wie *Pelodera* und *Leptodera* kommen die Spermatozoen nie über das Stadium der hyalinen Kugeln mit peripherischen Körnchen hinaus.

Bis jetzt hat es immer geschienen, als ob die Spermatozoen der *Nematoden* in allen Beziehungen eine Ausnahmsstellung einnehmen. Wir werden weiter unten zeigen, dass die Spermatozoen anderer Thiere dieselben Entwicklungsstufen durchlaufen.

2. Mesostomum Ehrenbergii (Taf. III. Fig. 12—23).

Diesen Gegenstand habe ich schon einmal*) behandelt; nach wiederholter Untersuchung glaube ich ihn jetzt besser darstellen zu können. Wie ich es schon dort beschrieben habe, bilden die Hoden platte Körper, welche netzartig mit einander verbunden sind. Sie sind von einer Haut umgeben, auf welcher epithelartig die jüngsten Zellen stehen. Beim Zerreissen der Hoden erhält man die verschiedenen Stadien gemischt. Man kann aber ihre Reihenfolge mit einer gewissen Sicherheit herstellen. Den frühsten Zustand zeigen Zellen mit einem unregelmässig gestalteten Kern. Diese Zellen — Spermatoblasten — sind von sehr verschiedener Grösse (Fig. 12—14). Man kann deshalb, wie ich das auch selbst früher gethan, leicht annehmen, dass die kleineren aus der Theilung der grösseren hervorgehen. Allein es sind hier, abweichend von dem gewöhnlichen Vorkommen, die Spermatoblasten von ungleicher Grösse. Der Kern kann blasige Auftreibungen wie in Fig. 12 oder nur kleinere unregelmässige Aufbuchtungen besitzen. Der Kern besteht aus Zellflüssigkeit und feinkörnig darin zerstreuter Zellsubstanz. In dem folgenden Stadium (Fig. 15) ist von der Kernflüssigkeit nichts mehr zu

---

*) Untersuchungen über *Plathelminthen*. S. 116.

sehen. Durch Essigsäure scharf hervortretende verschieden gestaltete Körperchen sind der sichtbare Rest des Kernes. Dieses Stadium würde dem Stadium entsprechen, welches von dem Ei derselben Species Fig. 4d abgebildet ist. Nun werden die Körperchen der Zellsubstanz fadenförmig. Die Masse derselben muss sich vermehrt haben (Fig. 16). Die Fäden vereinigen sich bündelweise. Die Enden derselben biegen sich nach der Mitte um. Die Zahl der Bündel, die man in einer Zelle findet, beträgt 1—4.

Es wäre möglich und ist mir sogar wahrscheinlich, dass da, wo mehrere Fädenbündel vorhanden sind, dieselben nicht aus successiven Quertheilungen eines einzigen Bündels, sondern durch gruppenweise Vertheilung der Fäden entstanden sind. Jedes Fadenbündel theilt sich nun durch Quertheilung. Auf diese Quertheilung des Kerns folgt nun erst spät die Theilung der Zelle. Zunächst vereinigen sich die Fäden und bilden wieder einen bläschenförmigen Kern. Dies Stadium geht schnell vorüber, ich habe es wahrscheinlich früher einmal gesehen (l. c. Taf. V. Fig. 8 l.). Diesmal ist es mir nicht wieder zu Gesicht gekommen. Es bildet sich offenbar aus dem bläschenförmigen Kern schnell ein homogener runder Körper. Derselbe streckt sich und wird oval mit einer nach der Peripherie des Spermatoblasten gerichteten Spitze. Die Zahl dieser Körper, welche ein Spermatoblast enthält, kann sehr verschieden sein. Die Körper rücken, umgeben von einer Hülle des Protoplasma, auf die Oberfläche der Spermatoblasten und lösen sich endlich ab (Fig. 20).

Das Protoplasma der Spermatoblasten enthält von Anfang an nur sehr wenig körnige Substanz. Da aber diese homogenen Körper grösser sind bei der Ablösung als vorher, so möchte ich glauben, dass dieselben nicht bloss aus der Substanz des Kernes, sondern auch aus daran sich legenden, wenn auch nur in geringer Masse vorhandenen Protoplasmakörnern bestehen. Jedenfalls besteht jetzt das Spermatozoon aus einem soliden homogenen Körper und hyaliner Substanz, entspricht also dem Stadium, welches wir auch bei der Entwicklung der Saamenkörper der *Nematoden* fanden. Diese unreifen Spermatozoen (Fig. 20, 21 u. 22) wachsen im Hoden noch sehr bedeutend. Aus dem hyalinen Protoplasma entstehen drei lange Fäden. Der homogene feste Körper streckt sich in die Länge. Dann wird er durch eine denselben umfassende spirale Furche in einen spiral gewundenen Faden verwandelt. Dieser Faden streckt sich in die Länge, indem zugleich das Protoplasma mit ihm verschmilzt. Das fertige Spermatozoon (Fig. 23) besteht aus einem ziemlich starken homogenen Faden, welcher an dem einen Ende zugespitzt ist. Von einem etwas hinter der Spitze gelegenen Punkte entspringen die drei aus dem Protoplasma entstandenen geisselartigen Fäden.

Wie bei den *Nematoden* entsteht also auch hier das Spermatozoon in der Weise, dass die Zelle sich in einen homogenen Körper verwandelt. Die Homogenisirung beginnt mit dem Kern und ergreift dann das Protoplasma.

Die Theilungserscheinungen im Innern der Spermatoblasten zeigen keine Kernspindel.

Eine Vertheilung der Kernflüssigkeit hat gewiss stattgefunden. Denn es ist nicht anzunehmen, dass die Kernsubstanz auf irgend einer Stufe frei im Zellprotoplasma liegt, oder dass die einzelnen Fädengruppen nicht von einer zusammenhängenden Schicht von Zellflüssigkeit umgeben wären.

3. Entwicklung bei den Thieren im Allgemeinen.

Wenn wir die vielen genauen Untersuchungen über Bildung von Spermatozoen überblicken, so stellt sich eine grosse Uebereinstimmung wenigstens in Beziehung auf die Art, wie sie aus der Zelle hervorgehen, heraus. Es ist immer eine Zelle, deren körniger Inhalt sich von der hyalinen Substanz trennt, fest und homogen wird, daraus entsteht der Schwanz, dann wird der Kern ein homogenes Gebilde und verschmilzt mit dem Schwanz. Diese homogene Masse wird in den meisten Fällen fadenförmig, der hyaline Theil umhüllt den Faden und verschmilzt mit demselben, indem er ebenfalls fest wird. Die Zellstructur ist nicht untergegangen, sondern, wie das Verhalten des Spermatozoon bei *Aulastoma* zeigt (Taf. VI. Fig. 19 u. 20), kann das fadenförmige Spermatozoon im Innern des Eis wieder in die runde Zellform zurückkehren.

Der solide Körper, welcher in der Saamenzelle neben dem Kern liegt, ist zuerst bei den *Nematoden* beschrieben worden. Ich verweise wegen der sehr verwickelten Geschichte dieses Gegenstandes auf die Monographie der *Nematoden*. Bei der Entwicklung der fadenförmigen Spermatozoen hat v. la Valette[*]) zuerst auf das Vorkommen eines neben dem Kern liegenden stark lichtbrechenden kugelförmigen Körpers in den Saamenkeimzellen von Wirbelthieren, Insecten und Schnecken aufmerksam gemacht, welcher aus dem solid gewordenen vorher körnigen Theil des Zellinhaltes hervorgeht und das Mittelstück des Saamenfadens bildet. Sehr deutlich ist auch dieser Process von Bütschli[**]) beschrieben bei den *Orthopteren*. Hier wird zuerst der Inhalt ein homogener Stab, dann der Kern, worauf beide verschmelzen, sich strecken und von der hyalinen Protoplasmaschicht überzogen bleiben. Auch bei den *Decapoden* hat Grobben[***]) das gleiche Entwicklungsgesetz gefunden. Wie die Spermatozoen der *Nematoden* stellen auch die der *Decapoden* eine frühere Stufe der Entwicklung der fadenförmigen Spermatozoen dar.

---

[*]) v. la Valette, Ueber die Genese der Saamenkörper. Schulze's Archiv f. mikr. Anatomie. Bd. III. (1867.) S. 263. Enthält auch die Geschichte dieses Gegenstandes.
[**]) Bütschli, Nähere Mittheilungen über die Entwicklung und den Bau der Saamenfäden der Insecten. v. Siebold und Kölliker's Zeitschrift. Bd. XXI. S. 526. (1871.)
[***]) Grobben, Beiträge zur Kenntniss der männlichen Geschlechtsorgane der *Decapoden* nebst vergleichender Bemerkungen über die übrigen *Thoracostraken*. Arbeiten aus dem zoologischen Institute der Universität Wien. Herausgegeben von Claus. 1. Heft. (1878.) S. 57.

Spermatophoren.

Die zu homogenen Fäden gewordenen Spermatozoen haben die Eigenschaft sich durch A d h ä s i o n so fest mit einander zu verbinden, dass sie weder optisch noch durch mechanische Mittel wieder getrennt werden können. In den weiblichen Geschlechtsorganen wird die Verbindung jedoch wieder gelöst.

Durch die Adhäsion werden die Saamenfäden zu sogenannten Spermatophoren verbunden. Dieselben sind wie bekannt oft von so wunderbarer Form, dass mehrere derselben früher für parasitische Thiere gehalten wurden. Zum mindesten glaubte man bei der Bildung die Mitwirkung von erhärtenden Secreten annehmen zu müssen. Von der grössten Zahl dieser Spermatophoren kann man nachweisen, dass ihre Substanz einschliesslich ihrer Kapsel nur aus Saamenfäden besteht. In einigen Fällen, darunter aber solche, die ich nicht genauer untersuchen konnte, will ich die Möglichkeit offen lassen, dass die Kapsel der Spermatophoren aus Drüsensecret gebildet wird.

Spermatophoren sind nur bei solchen Thieren vorhanden, bei welchen die Befruchtung innerhalb der weiblichen Geschlechtsorgane stattfindet. Die Spermatophoren sind entweder solide Körper oder Kapseln, welche getrennte — nicht adhärirende — Saamenfäden einschliessen.

Ich will es versuchen einen Ueberblick des Vorkommens der Spermatophoren zu geben.

1. Insecta.

Nur ein Theil der Insecten besitzt Spermatophoren. Die Spermatophoren der Insecten sind zuerst von v. Siebold[*]) eingehend betrachtet worden. Nachdem noch einige andre Forscher: Hammerschmidt, Löw, Stein, Dujardin, Spermatophoren von Insecten beschrieben, fasste v. Siebold diese Untersuchungen in seiner vergleichenden Anatomie der wirbellosen Thiere (S. 636) in folgendem zusammen:

„Diese Spermatozoiden entwickeln sich innerhalb grösserer Zellen, deren Membran später schwindet, während die innerhalb derselben enstandenen Saamenfäden noch eine längere Zeit beisammen bleiben und verschieden gestaltete Spermatozoiden-Bündel darstellen. Bei mehren Insecten vereinigen sich diese Bündel hintereinander und stellen alsdann lange wurmförmige Körper dar. Erst bei dem allmähligen Vorrücken der Saamenmasse innerhalb der Vasa deferentia verlassen die Spermatozoiden diese Gruppirung, wobei sie sich zuweilen wieder

---

*) v. Siebold, Ueber die Spermatozoen der *Crustaceen, Insecten, Gasteropoden* und einiger anderer wirbellosen Thiere. Müller's Archiv für Physiologie. 1836. S. 13.
v. Siebold, Ueber die Spermatozoiden der *Locustinen.* Verhandlungen der Kaiserl. Leopoldinisch-Karolinischen Akademie der Naturforscher. Bd. XIII. (1845.) S. 249.

auf eine ganz andere und merkwürdige Weise unter einander verbinden und lange feder-
förmige Gebilde darstellen, welche durch die lebhaft schwingenden freien Enden der Saamenfäden in ganz auffallende Bewegungen versetzt werden. Auch sind bereits in den weiblichen
Geschlechtstheilen mehrer, den *Lepidopteren*, *Orthopteren* und *Coleopteren* angehörenden Insecten
eigenthümliche, länger oder kürzer gestielte, und auch ungestielte hohle Körper beobachtet
worden, welche aus ziemlich festen, dem geronnenen Eiweisse vergleichbaren Wandungen
bestehen und in ihrem Innern mit Spermatozoiden angefüllt sind, daher diese Körper wohl am
besten mit Spermatophoren verglichen werden können."

Diese Spermatophoren sind mitunter so gross und fest, dass die älteren Entomologen sie
für abgerissene Ruthen gehalten hatten. Erst S t e i n in seinem berühmten Werke „vergleichende
Anatomie und Physiologie der Insecten" (1847) hat diesen Irrthum aufgeklärt. Indess auch
S t e i n hält die Hülle der Spermatophoren der Käfer für Secrete.

Wie bereits v. S i e b o l d hervorhebt, tritt die Verbindung zuerst an dem Kopf der Spermatozoen ein. Es entstehen daraus die Spermatozoenbüschel, welche bei vielen Insecten
vorkommen, z. B. bei *Forficula* (Taf. VIII. Fig. 3). Bei vielen kommt es über diese Büschel
nicht hinaus, bei andern sind dieselben nur die Vorläufer weiterer verwickelterer Bildung.
Auch die Schwänze vereinigen sich, es setzen sich neue Spermatozoen daran und so entstehen solide band-, faden- und stabartige Formen. So sind die Spermatophoren von *Coccus
adonidum* (Taf. X. Fig. 4a.) lange wurmartige Gebilde, deren Hinterende in enger Schrauben-
linie gewunden ist. Diese Spermatophoren erlangen ihre Gestalt noch während ihres Aufenthaltes in den Follikeln des Hoden, verdanken dieselbe also nicht, wie man vermuthen könnte,
dem Durchgang durch ein enges Rohr. In dem Eileiter und in den Follikeln zwischen
Eihaut und Epithel findet man einzelne Spermatozoen und kleinere durch theilweise
Auflösung entstandene Spermatophoren (Taf. X. Fig. 4 b u. c). Dieselben Spermatophoren kommen wahrscheinlich auch bei *Aspidiotus nerii* vor, wo sie C l a u s*) mit
den Worten erwähnt: „die Spermatozoën von *Aspidiotus nerii* sind jungen *Nematoden*
ähnlich." In der That kann man nur durch die Beobachtung der Entwicklung entscheiden,
ob man Spermatozoen oder Spermatophoren vor sich hat, denn an Grösse stehen z. B.
die Spermatozoen der *Chilopoden* und der *Ostracoden* den Spermatophoren der *Cocciden*
nicht nach.

Von bedeutender Länge und Stärke sind die Spermatophoren der *Cursores*, entweder sind
sie äusserlich glatt, z. B. von *Clivina arenaria* (Taf. X. Fig. 2 a) oder *Feronia aethiops* (Taf. IX.
Fig. 1), oder an einem platten Schaft sitzen, wie der Bart an einer Feder, Spermatozoen mit
freiem Schwanze, so von *Harpalus punctulatus* (Taf. VIII. Fig. 2). Bei *Feronia aethiops* erhebt

---

*) C l a u s, Ueber die Bildung des Insecteneies. Zeitschrift f. w. Zoologie. Bd. XXIV. S. 95.

sich auf der Mitte des bandförmigen Vordertheils eine Leiste, welche nach hinten in wellenförmigen Biegungen allmählich in das Hinterende ausläuft.

Der Spermatophor kann auch aus mehreren, so bei *Abax striola* aus drei an dem einen Ende zusammenhängenden, Streifen bestehen, welche in der (Taf. IX. Fig. 2) abgebildeten Weise um einander schraubenförmig gedreht sind.

Die Spermatophoren der *Cursores* entstehen, indem die Saamenbüschel durch ein langes spiral gewundenes Vas deferens hindurchtreten, in welches zahlreiche Drüsenschläuche münden (Taf. VIII. Fig. 1). Hier könnte man leicht annehmen, dass die Drüsen zur Bildung des Spermatophor dienen, allein man kann sich bei genauerer Untersuchung von dem Gegentheil überzeugen. Selbst der Durchtritt durch das lange gewundene Rohr trägt nicht wesentlich zur Bildung bei. Es können komplizirte Spermatophoren entstehen, ohne dass die Spermatozoën in enge Rohre eingeschlossen sind.

Bei *Carabus granulatus* (Taf. IX. Fig. 4) bleibt der Spermatophor in einer dem Saamenbüschel ähnlichen Gestalt, nur ist der vordere durch Adhäsion gebildete Theil platt. Andere jüngere Formen sind Taf. VIII. Fig. 1, Taf. IX. Fig. 3, Taf. X. Fig. 2 abgebildet, woraus man sich eine Vorstellung ihrer Fortbildung machen kann.

Federartige Gestalt haben auch die merkwürdigen zuerst durch v. Siebold beschriebenen Spermatophoren von *Locusta* und *Decticus*. Das einzelne Spermatozoon (Taf. X. Fig. 3) hat am Vorderende, wie schon v. Siebold abgebildet hat, einen winkelförmigen Ansatz ähnlich einer Pfeilspitze. Diese Pfeilspitzen haken sich an einander, adhäriren an einander und bilden einen Schaft, von dem die Spermatozoen wie die Strahlen vom Schaft einer Feder abstehen. Auch die Fäden sind an ihrem Vorderende zu Büscheln verbunden.

Die Spermatophoren der *Cursores* sind meist solid, allein es kommen auch solche vor, welche Höhlungen enthalten, in welchen freie Spermatozoen eingeschlossen sind. So bei *Clivina* (Taf. X. Fig. 2). Die Höhlungen entstehen dadurch, dass sich die flache Platte rinnenförmig umbiegt, worauf dann die Ränder der Rinne sich zu einer Röhre verbinden (vergl. die Abbildung). Diese Bildung wird nun nicht mehr diejenigen Formen wunderbar erscheinen lassen, wo die Spermatophoren Röhren oder Flaschen darstellen. So bei *Trichodectes canis* (Taf. VIII. Fig. 5), oder bei *Psocus* (Taf. VIII. Fig. 4). Die Hüllen sind ebenso gut Spermatozoen als die freien, welche sie einschliessen. Schon die mikroskopische Untersuchung der fertigen Spermatophoren lehrt, dass die eingeschlossenen Spermatozoen zum Theil mit der Hülle verschmolzen und bei *Psocus* immer nur sehr wenig freie Fäden in der Kapsel vorhanden sind.

Bei *Tinea pellionella* bilden sich in den Hoden Saamenbündel, welche wie Haarlocken spiralig um einander gewunden sind (Taf. X. Fig. 5). In dem Receptaculum seminis lösen sich diese Bildungen wieder auf und es entsteht daraus ein mit freien Spermatozoen gefülltes Rohr, welches an einzelnen Stellen schlauchartig erweitert ist (Taf. X. Fig. 1).

8*

Merkwürdig müssen die Spermatophoren von *Philopterus* sein, welche **Kramer***) beschrieben und abgebildet hat. Sie bestehen aus Stäbchen, deren Entstehung aus Spermatozoen der Verfasser beschreibt. Diese Stäbchen sollen nun innerhalb des weiblichen Receptaculum seminis von einer flaschenförmigen Hülle umgeben werden. Dieser Gegenstand verdient eine nähere Untersuchung.

Anhang über die Begattung und die Spermatophoren von Locusta und Gryllus.

In dem schon oben citirten Aufsatz beschreibt v. **Siebold** flaschenförmige Gebilde, deren sich oft mehrere in dem Receptaculum seminis von *Locusta viridissima* vorfinden. Sie sind ziemlich fest und durchscheinend. Ich habe die Gelegenheit gehabt, die Begattung dieser Thiere und dabei die bisher unbekannte Entstehungsweise dieser Gebilde zu beobachten.

Es wurden mir eines Abends gegen 7 Uhr im September mehrere frisch gefangene Exemplare gebracht, welche ich in einen aus Drahtgaze bestehenden Käfig brachte. Sobald eins der frisch gefangenen Männchen darin war, liess es seine Töne erschallen und war nach wenig Sekunden bei einem Weibchen. Das Männchen befestigte sich an der senkrechten Wand, indem es die Vorder- und Hinterbeine nach dem Rücken richtete, so dass die Rückseite nach der Wand gerichtet war. Das

Locusta viridissima in Begattung. Zeichnung von Assmann.

Weibchen stellte sich über das Männchen, so dass sich ihre Bauchseiten gegenüberstanden. Die Klappen, welche die Geschlechtsöffnungen decken, waren zurückgeschlagen, mehrere kugelförmige Vorsprünge bildend. Die gelbliche Haut, welche die Geschlechtsöffnung umgiebt, lag frei. Das Männchen suchte nun eine möglichst enge Berührung seiner Geschlechtsöffnung mit der des Weibchen herzustellen, indem es den Hinterleib krümmte und zugleich mit dem Endhaken der Mittelbeine die Legeröhre des Weibchens festhielt oder vielmehr festzuhalten suchte, da die Beine oft von der Legeröhre abglitten. Nach etwa einer halben Stunde trat eine durchscheinende Substanz von der Grösse einer Erbse aus der Geschlechtsöffnung des Männchens, welche sofort an der Oberfläche erstarrte. Im Innern dieser Blase sah man eine Strömung. Einige Minuten darauf trennten sie sich.

Am andern Morgen sass der erbsenförmige Körper noch am Weibchen. Bei der Zergliederung zeigte sich, dass diese erhärtete Masse bis in das Receptaculum seminis reichte, hohl war und noch etwas Saamen enthielt. Dass innere Ende dieser Kittmasse bildet einen Abdruck der Saamenblase und ihres Ausführungsganges und bleibt als der flaschenförmige Körper

*) **Kramer**, Beiträge zur Anatomie und Physiologie der Gattung *Philopterus*. Zeitschrift f. w. Z. Bd. XIX. H. 452. (1869.)

oder Spermatophor v. Siebold's in der Saamenblase übrig. Die erstarrende Flüssigkeit wird ohne Zweifel von den bei *Locusta* grade so mächtigen Drüsen, welche in das Vas deferens münden, geliefert. Sie dringt bis in das Receptaculum seminis. Die oberflächliche Schicht der Flüssigkeit erstarrt und bildet so einen Canal, in welchem der Saamen ohne mit der Luft in Berührung zu kommen, in das Receptaculum gelangt.

Rösel*) beschreibt den Begattungsact derselben Species freilich ganz anders. Nach ihm nähert sich das Männchen dem Weibchen ebenfalls von unten, aber so, dass sein Rücken dem Bauch des Weibchens zugewendet ist. Die Kugel von Kittsubstanz erwähnt Rösel nicht. Man kann deshalb wohl annehmen, dass er nicht die Begattung, sondern nur einen Versuch derselben beobachtet hat.

Eine andre Art von Spermatophoren kommt bei *Gryllus* vor. Sie ist bereits, wie Leydig**) bemerkt, von Frisch (1720) und von Rösel, später genauer von Lespès***) beschrieben und abgebildet worden. Es sind eiförmige an dem einen Pol in einen langen Faden auslaufende feste Kapseln, welche mit Sperma gefüllt sind und bei der Begattung dem Weibchen in die Geschlechtsöffnung geschoben werden. Während der Begattung steht nach Lespès das Weibchen über dem ihr den Rücken zuwendenden Männchen. Es scheint, dass die Hülle dieser Spermatophoren auch aus Kittsubstanz besteht.

2. Arachnoidea.

Acarinea.

Spermatophoren sind, soweit meine Kenntniss reicht, nur erwähnt von *Analges* durch Haller†), welcher sie als kothballenähnlich bezeichnet.

Araneida.

Hier sind Spermatophoren vielleicht schon von Blanchard gesehen, aber wiedergefunden und zuerst genau beschrieben von Bertkau††). Sie kommen bei den *Dysderiden* vor und bestehen aus einer kugelförmigen glashellen Masse, welche je nach den Species 4—100 Spermatozoen enthält. Diese Spermatophoren entstehen schon in den Hoden, also ohne Zweifel in der bei den Insecten beschriebenen Weise.

---

*) Rösel, Insectenbelustigungen. II.
**) Leydig, Die Saamentasche der Insecten etc. (siehe oben) S. 40.
***) Lespès, *Mémoires sur les spermatophores des Grillons. Annales des sciences naturelles. IV. Serie. Tome III.* (1855.) S. 366.
†) Haller, Revision der Gattung *Analges*. Zeitschrift f. w. Z. Bd. XXX. (1878.) S. 66.
††) Bertkau, Ueber die Generationsorgane der *Araneiden*. Troschel's Archiv. 1875. S. 239.
Derselbe, Versuch einer natürlichen Anordnung der Spinne. Ebendaselbst. 1878. S. 405 u. s.

3. Myriapoda.

Chilopoda.

Die Spermatozoen der *Chilopoden* sind von einer ungewöhnlichen Länge und Dicke, so dass man sie eher für durch Adhäsion entstandene Spermatophoren halten möchte. Allein die Entwicklungsgeschichte, welche ich verfolgt habe, stellt ausser Zweifel, dass es wirklich Spermatozoen sind. Nach den ausgezeichneten Untersuchungen Fabre's [*]) werden diese Spermatozoen bei *Scolopendra*, *Cryptops* und *Geophilus* in Spermatophoren von Männchen abgelegt. Bei *Scolopendra* sind die Spermatophoren 3 mm, bei *Cryptops* 1 mm im Durchmesser, nierenförmig gestaltet. Sie besitzen in beiden Fällen eine äussere stark elastische Haut, dann eine dünnere, welche die Spermatozoen umschliesst. Sie entstehen in einer Erweiterung des Vas deferens, indem sich die Spermatozoen zusammenballen und mit einer zuerst feinkörnig, dann homogen werdenden Schicht umgeben. Bei *Geophilus* haben die Spermatophoren eine ringförmige Gestalt, indem die Spermatozoen in der Weise spiral zusammengelegt werden, wie die Taue auf den Schiffen. Die äussere Hülle dieser Spermatophoren ist feinkörnig und sehr dünn.

Alle diese Spermatophoren entstehen immer gleichzeitig zu mehreren in derselben Tasche, so dass die Hüllen schwerlich als Secrete betrachtet werden können, vielmehr lässt sich annehmen, dass ihre Bildungsweise wie bei den Insecten sein wird.

4. Crustacea.

Isopoda (Taf. VIII. Fig. 6 u. 7).

Die Spermatophoren von *Oniscus* sind breite, streifige, an dem einen Ende ausgefaserte Bänder (Fig. 6 a), welche sich im Hoden durch Adhäsion bilden. Dass die Spermatozoen zuerst fadenförmig sind, kann man an den unreifen Spermatozoen (Fig. 7) sehen. Im Uterus lösen sich die Bänder wieder auf in freie fadenförmige Spermatozoen (Fig. 6 b).

Copepoda.

Die Spermatophoren der *Copepoden*, welche schon O. F. Müller bekannt waren, sind durch v. Siebold zuerst als solche erkannt worden. Neuerdings hat Gruber [**]) eine eingehende Untersuchung darüber veröffentlicht, welche auch das historische Material enthält. Die fertigen Spermatophoren sind cylindrische, hinten abgerundete, vorn zugespitzte Schläuche.

---

[*]) Fabre, *Recherches sur l'anatomie des organes reproducteurs et sur le développement des Myriapodes. Annales des Sciences naturelles. 1855. IV. Ser. Tom. III. S. 300.*

[**]) Gruber, Ueber zwei Süsswassercalaniden. Leipzig 1878. Derselbe, Beiträge zur Kenntniss der Generationsorgane der freilebenden *Copepoden*. Zeitschrift f. w. Z. Bd. XXXII. (1879.) S. 407.

Sie bestehen aus einer äussern homogenen, ziemlich dünnen Membran, einer innern feinkörnigen Schicht, welche den Schlauch fast ausfüllt und nur Raum lässt für eine Lage von
Saamenzellen, welche zwischen ihr und der äussern Membran sich befindet. v. Siebold,
Claus und Gruber halten die Membran und die innere Schicht für Secrete des Epithels des
Vas deferens, in welchem die Spermatophoren entstehen. Die Bildungsweise ist trotz der
eingehenden Untersuchungen der genannten Forscher noch nicht vollkommen aufgeklärt und
man wird die Möglichkeit, dass das ganze Gebild rein aus Spermatozoen entstanden ist, wohl
ins Auge fassen müssen. Die innere Schicht dürfte möglicher Weise aus untergegangenen
Spermatozoen bestehen. Dass, wie immer, eine Verdichtung — Wasserverlust — auch
bei der Bildung dieser Spermatophoren eintritt, giebt Gruber selbst an. Die drei
Theile des Spermatophoren: Hülle, Kittstoff und Sperma sind, wie er sagt, in der Anlage
der Saamenkapsel reichlicher vorhanden als in der fertigen. Allerdings erklärt Gruber diesen
Umstand in anderer Weise, dass aber die Spermazellen aus einer mehr concentrirten Substanz
in der fertigen Spermatophor als in den Anlagen bestehen, erwähnt er ausdrücklich. Indess
müssen erst weitere Untersuchungen stattfinden.

Schizopoda.

Wie Claus[*]) nachgewiesen hat, kommen Spermatophoren, ähnlich denen der *Copepoden*,
bei *Euphausia* vor, während dieselben *Siriella* und *Mysis* fehlen.

Decapoda.

Die Spermatophoren der *Decapoden* sind von Kölliker entdeckt. In neuerer Zeit sind
dieselben Gegenstand genauer Untersuchung durch Grobben[**]) gewesen. Sie bestehen aus
einer Hülle, welche Kittsubstanz und Spermatozoen einschliesst. Bei den einen werden ver-
einzelte Spermatophoren gebildet, bei andern sind viele Spermatophorenkapseln durch ein
Band verbunden.

Grobben und Gruber stimmen darin überein, dass die Spermatophoren der *Copepoden*
und *Decapoden* gleiche Gebilde sind. Auch bei den *Decapoden* scheint mir noch keine Sicherheit über ihre Entstehungsweise erreicht zu sein. Man kann deshalb bei ihnen wohl dasselbe
vermuthen, wie bei den *Copepoden*.

---

*) Claus, Ueber die Gattung *Cynthia* als Geschlechtsform der *Mysideengattung Siriella*. Zeitschrift für w. Z.
Bd. XVII. (1868.) S. 273.
**) Citat S. 56.

5. Mollusca.

Gasteropoda.

Spermatophoren kommen hier vor bei den *Stylommatophoren*. Sie wurden schon von Lister beschrieben und Capreolus genannt. Man hielt sie lange für Gebilde wie den Liebespfeil, bis v. Siebold in seinem Lehrbuche der vergleichenden Anatomie die wahre Bedeutung derselben erkannte. Moquin Tandon[*]) hat zuerst eine genaue Beschreibung derselben gegeben. Fischer[**]) zeigte die weite Verbreitung derselben und stellte das Vorkommen und die Gestaltsverschiedenheiten übersichtlich zusammen. Danach finden sie sich bei *Parmacella*, *Arion*, *Limax*, *Peltella*, *Helix* und *Bulimus*. Später wurde das Vorkommen festgestellt bei *Trochonannina*, *Eurypus* und *Rotula* durch Semper, bei *Macrochlamys* und *Sesara* durch Stoliczka, bei *Nanina* und *Urocyclus* durch Pfeffer[***]). Am genauesten ist dieses Gebilde bei *Helix pomatia* von Ehlers und Keferstein beschrieben worden. Danach ist die Gestalt desselben ein genauer Abguss des Lumens des Flagellums, wie sie dadurch nachwiesen, dass sie Leim in das Flagellum injicirten. Es ist ein langer, vorn dickerer, hinten fadenförmiger, mit Rippen auf seiner Oberfläche versehener Strang von knorpliger Consistenz. Doch ist dasselbe kein Rohr, sondern wenigstens in dem mittleren Theile, welcher auch die flüssige Saamenmasse enthält, ein spiralig aufgerolltes Band.

Die Entstehung dieser Spermatophoren ist noch nicht beobachtet, wohl aber haben die verschiedenen Schriftsteller Betrachtungen darüber angestellt, welche alle davon ausgehen, dass derselbe das Secret einer Drüse sei. Ich halte es für wahrscheinlich, dass er sich auch aus Spermatozoen bildet. Jedenfalls lohnt es sich diesen Gegenstand noch einmal unter diesem Gesichtspunkt zu untersuchen.

Cephalopoda.

Die Spermatophoren der *Cephalopoden*, die Needham'schen Körper, sind hinreichend bekannt. Ihre Entstehung ist jedoch noch vollkommen dunkel. Von *Eledone moschata* habe ich ein Männchen in Spiritus untersuchen können, dessen Needham'sche Tasche mit diesen Körpern gefüllt war. Sie waren sehr einfach, dünnwandige Säcke, welche freie Spermatozoen enthielten. Die Wand besteht aus der geronnenem Eiweiss ähnlichen Substanz, welche wir immer als die Wand der Spermatophoren finden. Die freien Spermatozoen hängen zum Theil so innig mit der Wand zusammen, dass, wie ich glaube, auch hier die Wand von an einander adhärirenden Spermatozoen gebildet wird.

---

[*]) Moquin Tandon, *Histoire naturelle des Mollusques terrestres et fluviatiles de France*. 1855. Stand mir nicht zu Gebote, ich citire nach Fischer.

[**]) Fischer, *Etudes sur les spermatophores des Gasteropodes pulmonés*. *Annales d. sc. natur.* 1857. *IV. Serie. Tom. 7. S. 367.*

[***]) Pfeffer, Beiträge zur Kenntniss des Hermaphroditismus und der Spermatophoren bei nephropneusten *Gasteropoden*. Archiv für Naturgeschichte. 1878. S. 421. Hier sind auch die Citate über Semper und Stoliczka nachzusehen.

6. Plathelminthes.

Die Spermatophoren von *Piscicola* und *Pontobdella* sind kurze keulenförmige Röhren, deren Wand aus agglutinirten Spermatozoen besteht, während das Innere mit freien Spermatozoen erfüllt ist. Leydig*) hat dieselben bei *Piscicola* entdeckt und auch nachgewiesen, dass sie bei der Begattung an die weibliche Geschlechtsöffnung befestigt werden. Wie schon oben bemerkt, werden diese Spermatophoren schon gebildet und abgelegt zu einer Zeit, wo die Thiere noch nicht geschlechtsreif sind und kein Saamen in die Eileiter eintritt. Man findet die Spermatophoren dann auf dem Boden der Gefässe, worin die Thiere leben.

Aehnlich wird die Begattung bei *Pontobdella* vor sich gehen. Zur Zeit als ich *Pontobdella* lebend beobachtete (April in Triest), fand keine Begattung, sondern nur das Absetzen von Spermatophoren statt. Die Thiere befestigten sich dieselben gegenseitig an beliebige Körperstellen, nur nicht an die Geschlechtsöffnung. Jijima hat Spermatophoren auch bei einer *Nephelis*art gefunden.

Bei den übrigen *Hirudineen* sind keine Spermatophoren bekannt.

7. Chätopoda.
Spio.

Die Spermatophoren von *Spio Mecznikowianus* sind von Claparède und Mecznikow**) entdeckt und genau beschrieben worden. „Jedes Spermatophor stellt einen spindelförmigen Körper dar, welcher an dem einen Ende spitzig ausläuft, am anderen abgestutzt und ringförmig angeschwollen erscheint. Diese ringförmige Verdickung ist mit stachelartigen Papillen dicht besetzt. Im Inneren des Spermatophores findet man zweierlei Gebilde. Zuerst einen elliptischen aus der Saamenmasse und einer homogenen Substanz bestehenden Körper, worin die Zoospermien spiralig gewunden sind, dann eine zähflüssige, flaschenförmige Masse, worin undeutliche Streifen, wie Schlieren in einem Glasfluss, zu unterscheiden sind. Ein spiraler Faden befestigt den Saamenkörper an das spitze Ende des Spermatophores."

Diese Spermatophoren werden in den Trichtern der zur Zeit der Geschlechtsreife sich vergrössernden Segmentalorgane gebildet. Der Saamen wird aus der Leibeshöhle in die Trichter aufgenommen. Ohne dass die Wimperung aufhört, bilden sich die Spermatophoren oder wird, wie die Verfasser sagen, das Sperma in die Spermatophoren eingeschlossen. Wie sie selbst sagen, ist es ihnen nicht klar geworden, auf welche Weise dies geschieht. Ich glaube, dass auch hier die Hülle aus den Spermatozoen entsteht.

*) Leydig, Zur Anatomie von *Piscicola geometrica*. Zeitschrift f. w. Z. Bd. I. S. 124.
**) Claparède und Mecznikow, Beiträge zur Kenntniss der Entwicklungsgeschichte der *Chetopoden*. Zeitschrift f. w. Z. Bd. XIX. (1869.) S. 171.

Limicolae.

Die Spermatophoren in dieser Gruppe sind von Dugés (1828) entdeckt worden. Sie bestehen aus Schläuchen, welche innen hohl sind. Auf der innern Fläche erkennt man eine Lage starrer spiral gewundener Spermatozoen, dann kommt eine Lage homogener Substanz, aus welcher fadenförmige Spermatozoen wie Wimpern hervorragen. Entweder sind die Schläuche vorn und hinten geschlossen oder der Spermatophor bildet einen langen Schlauch, von welchem einzelne Stücke abbrechen. Letzterer Fall tritt bei *Tubifex* ein (Taf. X. Fig. 6). Claparède hat dieselben für parasitische Opalinen gehalten. Ray Lankester[*]) erkannte jedoch diese Gebilde bereits als Spermatophoren, welche durch „Agglutination" von Spermatozoen entstehen. Er sowohl als Veydovsky[**]), der sie nochmals beschrieben hat, nehmen für die Bildung die Mitwirkung von Drüsensecreten in Anspruch. Das ganze Gebilde kann ebenso gut aus den Spermatozoen ohne eine Kittsubstanz entstanden sein.

Terricolae.

Die Spermatophoren dieser Gruppe sind ebenfalls schon lange bekannt. Fraisse[***]) hat vor kurzem eine sehr eingehende Arbeit darüber veröffentlicht, auf welche ich verweise. Die Spermatophoren der Regenwürmer sind sehr einfache Gebilde, kurze kolbige Schläuche mit homogenen Wänden, welche Saamenthiere enthalten. Ihre Entstehung, selbst der Ort der Entstehung ist noch unbekannt. Fraisse spricht sich dagegen aus, dass dieselben in den Ausführungsgängen der männlichen Geschlechtsorgane entstehen. Indess scheint mir dieser Gedanke keineswegs abzuweisen zu sein, wenn man bedenkt, dass die Spermatophoren bei den *Limicolen* an dieser Stelle entstehen. Fraisse hält vielmehr gewisse Hautdrüsen für die Bildungsstätte, ohne jedoch einen zwingenden Beweis dafür liefern zu können.

8. Vertebrata.
Holocephali.

Bei *Callorhynchus antarcticus* kommt eine Bildung vor, welche wenigstens entfernt an Spermatophoren erinnert.

Wie bei *Selachiern* ist das Vas deferens auch bei *Callorhynchus* durch Querfalten abgetheilt. An einem Exemplar, welches jetzt im Museum in Giessen aufbewahrt wird, ist das ganze Vas

---

[*]) Ray Lancester, *Remarks on Opalina and its contractile vesicles on Pachydermon and Annelidan Spermatophors. Quarterly Journal of microsc. Scienc. Vol X. (1870.) S. 143.*

[**]) Veydovsky, Ueber *Psammoryctes umbellifer* und ihm verwandte Gattungen. Zeitschrift f. w. Z. XXVII. (1876.) S. 147.

[***]) Fraisse, Spermatophoren bei Regenwürmern. Arbeiten aus dem zoologischen Institut in Würzburg. Herausgegeben von Semper. Bd. V. (1879.) S. 38.

deferens mit einer durchsichtigen Masse von gallertartiger Consistenz erfüllt. Darin liegen in regelmässigen Querreihen Kugeln von der Grösse eines Stecknadelknopfes, welche aus dicht an einander liegenden Spermatozoen entstehen. Sie mögen wohl je den Inhalt eines Hoden-follikels darstellen.

Urodela.

Bei *Siredon pisciformis* legt, wie Gasco*) entdeckt hat, das Männchen während des Liebesspiels Spermatophoren frei auf den Boden ab, welche dann von dem Weibchen in die Vulva aufgenommen werden. Eine Membran scheinen diese Spermatophoren nicht zu besitzen.

---

*) Gasco, *Les amours des Axolotls*. Zoologischer Anzeiger. Jahrgang 1881. S. 313.

Abschnitt III.

Uebersicht der Ergebnisse.

Eigenschaften von Ei und Saamen.

Die wesentlichsten Eigenschaften des Ei's lassen sich darin zusammenfassen: das Ei ist eine mit keiner andern Zelle verwachsene, möglichst einfache Zelle.

Dieser Satz spricht fast dasselbe aus, was Hensen in seinem ausgezeichneten und sehr anregenden Werke: Physiologie der Zeugung S. 16 sagt: „Das Ei ist ein selbständig gewordener in den weiblichen Geschlechtsorganen gebildeter Körperbestandtheil, in welchem sich unter günstigen Umständen ein neues Individuum anlegt."

Hensen drückt sich vorsichtiger aus und trägt dadurch allen Einwänden Rechnung, dass er das Ei nicht Zelle, sondern einen Körperbestandtheil nennt. Nur bei *Protozoën* und *Plathelminthen* könnte man zweifeln, ob die Fortpflanzungskörper Zellen sind. Allein die Fortpflanzungskörper der *Protozoën* sind zum Theil unzweifelhafte einfache Zellen, so bei den *Foraminiferen*, wo sie von den *Polythalamien* längst und neuerdings für die *Milioliden* von mir*) nachgewiesen sind. Bei den *Flagellaten* ist das Thier auf jeder Stufe seines Entwicklungscyclus eine Zelle. Bei den *Ciliaten* könnte man Fortpflanzungskörper annehmen. Allein die Existenz derselben scheint mir keineswegs bewiesen. Der Entwicklungscyclus der *Ciliaten* scheint mir darin zu bestehen, dass das Thier — die Zelle — sich wiederholt theilt, dann tritt eine Conjugation, d. h. Befruchtung ein, worauf wieder Theilung folgen kann, bis endlich das Thier in einen Ruhe- oder Cystenzustand eingeht, welcher dem Eizustand entspricht. Man hat bei dieser Auffassung nicht mehr Ursache nach einem Eizustand zu suchen. Die Theilung, welche dem Cystenzustand folgt, wäre eine ungeschlechtliche, die auf die Conjugation folgende eine geschlechtliche Entwicklung. Was die *Plathelminthen* betrifft, so ist das Ei der *Trematoden* — der Theil des Fortpflanzungskörpers, aus welchem der Embryo hervorgeht — doch auch nur eine Zelle, bietet also keine Schwierigkeit dar. Wir können also uns der

---

*) Schneider, Beiträge zur Kenntniss der *Protozoën*. Zeitschrift f. w. Z. Bd. XXX. Supplement. (1878.) S. 446.

Befriedigung hingeben, den Satz so auszusprechen, wie ich es gethan. Die möglichste Einfachheit ist eine wesentliche Eigenschaft des Ei's. Es ist frei von allen Structuren, welche ihm gestalten, sich thätig mit der Aussenwelt oder mit anderen Zellen in Berührung zu setzen. Es hat keine Muskelfasern, keine Wimpern oder Geisseln, es secernirt nicht, wie eine Drüsenzelle, es nimmt keine Nahrung von aussen auf und verdaut sie. Ohne Structuren kann eine Zelle natürlich nicht sein, aber die Möglichkeit von Bewegungen, die in dieser Structur liegen, ist allem Anschein nach dadurch gehemmt, dass alle Kräfte im Gleichgewicht sind. Diese relative Ruhe drückt sich äusserlich darin aus, dass das Ei die Gestalt einer Kugel oder wenigstens eines Rotationsellipsoides annimmt. Hensen hat schon mit Recht diesen Kugelzustand hervorgehoben. Eine vollkommene Ruhe kann auch bei Eiern nicht vorhanden sein. Frisch abgelöste Eier von *Nephelis* machen sogar deutlich peristaltische Bewegungen in dem ersten Augenblicke der Einwirkunng einer verdünnten Essigsäure.

Das Spermatozoon ist eine möglichst einfache, mit andern Zellen nicht zusammenhängende, sich bewegende Zelle. Das Spermatozoon und das Ei einer Species werden sich wohl immer unterscheiden, wenn auch der Unterschied ein sehr geringer sein kann. Zwei sich conjugirende *Gregarinen* z. B. können sich gleichen, allein man ist wohl berechtigt, diejenige, welche sich an das Hinterende der andern ansetzt, als die männliche Zelle zu bezeichnen. Bei einigen *Gregarinen* ist der Unterschied schon grösser, indem die am Hinterende sich ansetzenden Zellen kleiner sind. Wir haben Beispiele, dass Eier ohne Befruchtung zum neuen Thier sich entwickeln, die Spermatozoen nicht. Ein, wenn auch nicht durchgehender, so doch sehr verbreiteter Unterschied der Spermatozoen und Eier besteht auch darin, dass die Spermatozoen kleiner sind. Dieser Unterschied ist nicht etwa nur die Folge davon, dass die Spermatozoen kleiner bleibende Zellen sind, sondern davon, dass die Spermatozoen nach einer grösseren Zahl von Theilungen entstehen, als die Eier. Betrachten wir ein bestimmtes Beispiel. Das befruchtete Ei eines *Nematoden* liefert eine Larve, welche gleich ist für beide Geschlechter. Die Zahl der Zellen, welche die Körper bilden, ist in beiden eine gleiche. Aus einer der Zellen wird die Anlage des Hodens und Eierstocks. Bis zu einer gewissen Entwicklung sind auch noch Hoden und Eierstöcke gleich. Dieselben Zellen nun, die beim Weibchen als Eier sich ablösen, theilen sich noch einmal und erst die Producte dieser Theilung sind die Spermatozoen. Spermatozoen und Eier — mit Ausnahme der parthenogenetisch sich entwickelnden — sind Zellen, deren Theilungsfähigkeit erschöpft ist.

Entstehung der Eier.

Die Eier entstehen, indem sie sich von einer kernhaltigen Protoplasmaschicht ablösen. Sie hängen mit derselben entweder nur durch einen Stiel zusammen, und stehen sonst frei hervor oder sie sind von einer Follikelschicht umgeben. Eier ohne Follikel sind die der

71

nichtsegmentirten *Nemathelminthen (Nematoiden)* und *Plathelminthen (Trematoden* z. B.*) Rotatorien.*
Eier mit Follikel die der *Echinodermen,* der gegliederten *Plathelminthen (Hirudineen),* fast aller
Arthropoden, der Wirbelthiere. Eine Uebersicht des Vorkommens und Fehlens der Follikel
wage ich nicht zu geben, da die Untersuchungen der einzelnen Thiergruppen wegen der grossen
Schwierigkeiten noch sehr lückenhaft sind.

Eier ohne Follikel.

Das Ei ist zuerst nur theilweise frei. Bei den *Nematoden* hängt es entweder mit dem
Protoplasma, aus welchem es sich ablöst, direct, oder sämmtliche Eier hängen erst unter sich
durch einen gemeinschaftlichen Stiel (Rhachis) und durch diesen wieder mit dem Protoplasma
zusammen. Das Ei ist, sobald es an der Rhachis sitzt, mit einer festeren Schicht (Membran)
umgeben, welche nach Innen allmählich in das Eiprotoplasma übergeht. Wenn sich das Ei
ablöst, so ist die Stelle, an welcher der Stiel sass, noch ohne Membran, das Protoplasma quillt
hervor (Mikropyle). Bald darauf — und zwar nach der Befruchtung — schliesst sich aber
die Membran. Diese primäre Eihaut bleibt bei allen Eiern, bei welchen das Protoplasma
hell und homogen ist, unverändert, wo es aber dunkle Protoplasmakörner enthält, verdickt
sich die Membran mehr oder weniger. Die Verdickung kann nur von dem Ei aus stattfinden,
da die Eier in vielen Fällen keine Wand eines Schlauches berühren. Es ist keine einfache
Apposition der Schichten, sondern eine Bildung, während welcher das Protoplasma die Hautschicht radial und in concentrischen Lamellen durchsetzt. Durch Essigsäure quillt und erhellt
sich die Hautschicht *(Ascaris megalocephala* und *lumbricoides).* Die protoplasmahaltigen Stellen
werden dadurch sichtbar.

Bei den *Rotatorien, Trematoden* und *Turbellarien* ist ebenfalls früh eine Membran vorhanden, aber keine Mikropyle sichtbar, über die Verbindung des Ei's derselben mit dem Mutter-
boden wissen wir nichts. Die Wintereier der *Rotatorien* bilden eine verdickte und mit Aus-
wüchsen versehene Haut. Bei den *Trematoden* und *Rhabdocoelen* ist dies bis jetzt nicht bekannt

Eier mit Follikel.

Für die Entstehung der Follikel ist bis jetzt die von Pflüger[*]) aufgestellte Ansicht
allgemein angenommen worden. Ein Keimepithel stülpt sich schlauchförmig in das Innere
der Ovarien, worauf diese Schläuche sich abschnüren und einzelne Epithelzellen zu Eiern werden.
Das Epithel der Schläuche legt sich dann um die Eier. Nach Untersuchungen Iwakawa's[**])
bei *Triton* und Jijima's bei *Nephelis* ist aber noch ein zweiter Modus der Follikelbildung vor-

*) Pflüger, Ueber die Eierstöcke der Säugethiere und des Menschen. 1863.
**) Iwakawa, *the Genesis of Egg in Triton. Quarterly Journal of microscopial Science. July 1882. S. 260.*

handen, der, wie ich glaube, von dem Pflüger'schen nicht so wesentlich verschieden ist, als es scheint. Danach ist das Ei das primär sich trennende — und aus der Theilung des Ei's entstehen die ersten Follikelzellen. Ich selbst[*]) habe einen ganz ähnlichen Vorgang für die Entwicklung der Geschlechtsröhren der Insecten beschrieben.

Die Follikelwand liegt anfangs dicht dem Ei an. Dann hebt sie sich allmählich von dem Ei ab, so aber, dass zwischen der Follikelwand und dem Ei zahlreiche Verbindungsfäden in radialer Richtung bestehen bleiben. Die Trennung des Eis von der Follikelwand besteht darin, dass das Ei eine festere Wand oder Wandschicht erhält und die Follikelschicht an ihrer innern Fläche gleichfalls.

Diese primäre Eihaut verdickt sich und in dem Maasse ihrer Verdickung entfernt sich die Follikelschicht von dem Protoplasma und verlängern sich die Verbindungsfäden.

So entsteht die Zona pellucida der Wirbelthiere, mag dieselbe relativ dünn bleiben wie bei den Vögeln und Reptilien, oder dicker werden wie bei den Säugethieren, oder sehr dick wie bei den Knochenfischen, die Zona pellucida der *Echinodermen*, die Eihaut der *Arthropoden*. Von den Verbindungsfäden kann man sich zwei Arten von Vorstellungen machen. Entweder verbinden dieselben das Protoplasma des Eis und der Follikelschicht, oder von der Follikelschicht wie vom Ei gehen getrennte Fortsätze aus. In den letzten Stadien der Eibildung sind die Fortsätze sicher getrennt.

Ein Fortsatz ist aber mitunter vorhanden, so bei *Asteracanthion* und wahrscheinlich auch bei *Holothuria*, welche stärker ist und bei welchen die Verbindung zwischen der Zelle und dem Protoplasma des Eierstocks sich nicht bezweifeln lässt. Es ist der, welcher zur Entstehung der sogenannten Mikropyle führt.

Eine besondere Erwähnung verdienen die Dotterzellen der *Arthropoden*. Sie hängen mit dem Ei zusammen und werden in das Ei aufgenommen. Man kann die Dotterzellen als vergrösserte Follikelzellen betrachten. Wo sie mit dem Ei zusammenhängen, erhält die Eihaut Oeffnungen, die sogenannten Mikropylen. Ich möchte aus diesen Vorgängen schliessen, dass überall, wo wir Mikropylen finden z. B. bei Fischen, dieselben herrühren von einer stärkeren Verbindung des Ei und Follikelprotoplasma.

Die Bildung der Membran kann nun in der Weise stattfinden, dass unter der primären Eihaut, noch während das Ei vom Follikel umhüllt ist, sich eine secundäre Eihaut bildet. Dies geschieht bei den *Echinodermen* und den *Hirudineen*. In diesen Fällen ist die primäre Eihaut (Zona pellucida) vergänglich. Bei den *Echinodermen* zerfällt dieselbe nach der Befruchtung, bei den *Hirudineen* ist dieselbe schon im Follikel in einem, wenn nicht ganz, so doch beinahe flüssigen Zustande.

---

[*]) S c h n e i d e r, Ueber die Entwicklung der Geschlechtsorgane der Insecten. Zoologische Beiträge, herausgegeben von A. S c h n e i d e r. Breslau 1883.

Das gleiche Vorkommen der zarten Protoplasmastrahlen und der Structur in der Eihaut der *Ascaris*arten und der Eibaut in Follikeln zeigen, dass auch die Bildungsweise der Membran in beiden Fällen die gleiche ist, und wenn auch die Follikelwand einen Einfluss darauf hat, das Ei sich nicht unthätig dabei verhalten wird.

Inhalt des Ei's.

Das Protoplasma des Ei's ist zuerst immer durchsichtig, einzelne Eier z. B. die von *Cucullanus elegans* bleiben auf diesem Stadium stehen. Dann treten dunkle Körnchen darin auf, welche in Essigsäure sich nicht verändern. Auch auf diesem Stadium können Eier stehen bleiben, z. B. viele *Nematoden*eier und die Wintereier der *Rotatorien*. Endlich tritt das Lecithin in den Eiern auf, welches sich durch die Löslichkeit in Essigsäure erkennen lässt. Es kann aber das Lecithin auch in Essigsäure unlöslich sein.

Das Protoplasma des Ei's zeigt in einigen Fällen eine strahlige Structur. Deutlich ist dieselbe an jungen Eiern des Flusskrebses in einer den Kern umgebenden Zone, oder bei der sog. Zona radiata, welche die Wirbelthier- und *Echinodermen*eier besitzen. Von Reichert[*]) ist diese Structur im Ei des Hechtes und von Leydig[**]) in dem des Frosches beschrieben worden.

Bau des Keimbläschens.

Der Kern des Eis — Keimbläschen — hat die gewöhnliche Structur des Zellkernes. Durch die vielen höchst genauen Untersuchungen über den Kern ist namentlich in den letzten Jahren ein reiches Material über den Bau desselben bekannt geworden. Von unsern Kenntnissen des Zellkernes hat Flemming eine eingehende und ausgezeichnete Uebersicht gegeben, dass ich die Leser darauf verweise. Flemming sagt (S. 99): „der Kern besteht der Regel nach aus drei Substanzen, welche morphologisch, optisch und allem Anschein nach chemisch unter einander different und wiederum von der Zellsubstanz different sind: Kerngerüst, Nucleolen und Kernsaft."

Nach Flemming sowie fast allen Schriftstellern, die über diesen Gegenstand geschrieben, gehören die sogenannten Achromatinfäden, die Strahlenbüschel, nicht zum Kern. Ich glaube jedoch bewiesen zu haben, dass dies der Fall ist, ich habe ferner auf die Thatsache aufmerksam gemacht, dass der Kern bei *Asteracanthion* und den Seeigeln zeitweise eine homogene Substanz darstellt, danach müssen wir unsre Ansichten über den Kern etwas modifiziren. Ich will es im Folgenden versuchen.

Der Kern besteht aus einer gleichen Substanz, welche sich differenziren kann in Zustände verschiedener Festigkeit. Es ist möglich, dass diese Verschiedenheit nur von dem verschiedenen Wassergehalt herrührt. Immer aber bleibt der Kern getrennt von der Zellsubstanz.

---

[*]) Reichert, Ueber die Mikropyle der Fischeier und über einen bisher unbekannten eigenthümlichen Bau des Nahrungsdotters reifer und befruchteter Fischeier. Müller's Archiv. 1856. S. 103.
[**]) Leydig, Die Hautdecke und Schaale der *Gastropoden* nebst einer Uebersicht der einheimischen *Limacinen*. Troschel's Archiv f. Nat. 1876. S. 22.

Der Kern kann nur aus fester Substanz bestehen, so bei den *Ciliaten*, oder in den von R. H e r t - w i g abgebildeten Kernen der malpighischen Gefässe von *Pieris*, oder nur aus einer weichen, fast flüssigen Substanz im Ei der *Echinodermen*, während seines rhizopodenartigen Zustandes*). In den höheren Thieren scheinen diese Extreme selten vorzukommen. Meist ist die flüssigere und feste Modification gemischt. Wir wollen für diese Modificationen die Namen beibehalten, welche R. H e r t w i g **) dafür gebraucht hat: Kernsubstanz und Kernsaft.

Die verbreitetste Form ist die, in welcher die Kernsubstanz eine kugelförmige Membran bildet, welche mit Flüssigkeit gefüllt ist; von der Membran aus geht ein Netz von Fäden, wie dies zuerst von F l e m m i n g in seiner grossen Verbreitung nachgewiesen worden ist. Innerhalb des Kernes liegen meist verschieden gestaltete rundliche Anhäufungen von Substanz, welche Verdickungen der Membran sein können, oder freiliegen oder mit den Fäden verbunden sind und welche man als Nucleoli bezeichnet. Der Kern wird nach seinem Absterben durch Tinctionsmittel gewöhnlich stärker gefärbt als die Zellsubstanz. Diese Färbung tritt im Kern verschieden stark auf, je nachdem die Theile grössere oder kleinere Massen bilden und je nachdem der Wassergehalt verschieden ist. Die Nucleoli sind meist am stärksten gefärbt. Es giebt jedoch auch Kerne, welche sich gar nicht oder kaum merklich färben, z. B. die Kerne der sämmtlichen Gewebe der *Nematoden*.

Verhalten der Kerne bei der Zweitheilung***).

Wenn Kerne sich theilen wollen, so besteht die erste Vorbereitung darin, dass sie ihre Membran verlieren. Dass die Membran zerreisst oder in die Zellsubstanz aufgenommen wird, lässt sich nicht beweisen, wahrscheinlich wird ihre Substanz verflüssigt und bleibt in dem Kerne. Diese Verflüssigung zu Kernsaft kann die gesammte Kernsubstanz ergreifen, z. B. bei den Eiern der *Echinodermen*. Oder die Kernsubstanz bleibt zum Theil erhalten, dann geht aber immer die netzförmige Verbreitung unter und die Kernsubstanz verdichtet sich zu verschieden geformten einzelnen Körpern. Eine sehr häufige Form dieser Körper ist die der Fäden. Es kann ein zusammenhängender knäuelförmig gewundener Faden entstehen z. B. bei den Eiern von *Mesostomum*, den Epithelzellen der *Urodelen*, den Zellen der sogenannten Speicheldrüsen von *Chironomus*. Die letzteren wurden von B a l b i a n i †) gefunden und sind

---

*) Die kleine kugelförmige Masse, welche sich im reifen und unbefruchteten Seeigelei findet, der Rest des sonst in feine Ausläufer vertheilten Kernes, besitzt keine Membran und keine innern Körnchen.

**) Richard Hertwig, Beiträge zu einer einheitlichen Auffassung der verschiedenen Kernformen. Morphologisches Jahrbuch, herausgegeben von Gegenbaur. Bd. II. (1876). S. 63.

***) Bei dieser Betrachtung habe ich mich auf das Thierreich beschränkt, obgleich mir die hierher gehörenden Unter-suchungen der Botaniker aus der Lectüre und eigner Anschauung nicht unbekannt sind. Ich bin denselben für mannich-faltige Anregungen zu Dank verpflichtet. Ich hoffe auch, dass die hier entwickelten Ansichten ebenso für das Pflanzenreich gelten. Das aber im Einzelnen durchzuführen, fühle ich meine Kräfte nicht ausreichend.

†) Balbiani, *Sur la structure du noyau des cellules salivaires chez les larves de Chironomus*. Zoolog. Anzeiger. 1881. S. 637. Diese von allen Schriftstellern als Speicheldrüsen bezeichneten Organe sind vielmehr Spinndrüsen, sie münden wie alle Spinndrüsen in der Unterlippe.

merkwürdig durch die Grösse und die Structur dieses Fadens. Derselbe stellt ein glattes Band dar, welches das Ansehen einer quergestreiften Muskelfaser hat. Die Querstreifung rührt nach meiner Meinung von feineren Querfalten des Bandes her. Es können jedoch auch mehrere und kürzere Fäden existiren. Diese Fäden sind ausgezeichnet durch ihre Tinctionsfähigkeit. Allein die Fadenform ist keineswegs, wie Flemming annimmt, die nothwendig bei der Zweitheilung auftretende Form. Ich erinnere an die Körner des Kernes der Eier und Spermatoblasten der *Nematoden*. Oft sind die Körnchen der Kernsubstanz, welche während dieses Zustandes übrig bleiben, so klein, dass man mit unsern besten Hülfsmitteln ihre Gestalt nicht bestimmen kann, so bei den Eiern der *Hirudineen*, von *Tubifex* u. A.

Hat der Kern seine Membran verloren, so erhält er die Fähigkeit, seine Gestalt zu verändern, Fortsätze und feine Strahlen auszusenden. Die Aussendung von Strahlen vermindert die Grösse des centralen Kerntheiles. Die Strahlen laufen bis zur Unsichtbarkeit aus. Wenn bei diesem Vorgang der centrale Kerntheil kleiner wird und die Strahlen zuletzt auch sich der Wahrnehmung entziehen, so werden wir schliessen können, dass der Kern unsichtbar geworden, aber nicht, dass er verschwunden ist. Die Fälle, dass der Kern ganz verschwunden ist, welchen man früher so häufig zu sehen glaubte, werden in Folge der Anwendung der Tinctions- und Aufhellungsmittel immer seltner.

Diese amöboide Eigenschaft kommt wohl allen Eikernen zu. Bei den übrigen Kernen wird sie bis jetzt meist und wie man wohl früher glaubte immer vermisst. Es ist ein Verdienst Flemming's, die daraus resultirenden Strahlen — welche er Achromatinfäden nennt — bei den Epidermiszellen der Salamander gefunden zu haben. Ich bin jetzt im Stande, dieselben z. B. auch für die Saamenzellen der *Nematoden* nachzuweisen. Darauf darf man wohl die Hoffnung gründen, dass wir auch bei andern Gewebszellen diese Ausstrahlungen des Kernes finden werden. Dass in einer sich theilenden Zelle nur die Kernsubstanz sichtbar ist, finden wir häufig, der bislang meist unsichtbare Kernsaft wird sich in Gestalt der Kernstrahlen wohl nachweisen lassen.

Die Strahlen des Kernes gehen zuerst vom Centrum aus, sie verlaufen anfangs unregelmässig, nicht immer linear, sondern gekrümmt und sind von verschiedener Dicke. Allmählich werden sie gleichmässiger und rücken aus einander nach zwei Polen. Das Centrum des Kernes schliesst gewöhnlich die noch vorhandene Kernsubstanz ein, doch nicht nothwendig, schon früh können Theile der Kernsubstanz sich an den Polen befinden, doch immer an beiden in gleicher Menge. Das Centrum nimmt an der amöboiden Bewegung insofern Theil, als es spindelförmig wird und auf seiner Oberfläche parallele mehr oder weniger feine Längsfalten bekommt (Kernspindel der Autoren). Anfangs waren die Strahlen unregelmässig, dann werden sie sehr scharf linear und gleich an beide Pole vertheilt. Jetzt ordnet sich auch derjenige Theil der Kernsubstanz, welcher im Centrum des Ei's geblieben war, so, dass er sich möglichst

10*

genau in die Aequatorialebne der Spindel stellt. Sind die Körper der Kernsubstanz klein und zahlreich, so bilden sie eine aus den Körnchen gleichmässig zusammengesetzte Platte z. B. bei den *Hirudineen* und *Tubifex*, sind es weniger, so stehen sie unregelmässig in dem Centrum, z. B. bei *Ascaris*, sind es aber lange Fäden wie bei den Eiern von *Mesostomum* und dem Epithel von *Salamandra*, so bilden die Fäden eine Rosette. Wir können dieses Stadium wohl allgemein als das der Aequatorialplatte bezeichnen. Nach Flemming sollen die Fäden sich auf diesem Stadium der Länge nach spalten. Dies wird für *Salamandra* richtig sein, für *Mesostomum* gilt es nicht.

Nachdem die Kernspindel mit der Aequatorialplatte eine Zeit bestanden, tritt entweder die Zweitheilung des Kernes ein oder die Kernspindel geht wieder zurück in die gewöhnliche Kernform und erst dann tritt die Zweitheilung ein.

Den letzteren Fall habe ich bei der Zweitheilung des *Ascaris*eies beschrieben. Es dürften vielleicht viele Fälle, wo man eine Theilung des Kernes in Folge biscuitförmiger Einschnürung beobachtet hat, in ähnlicher Weise vor sich gegangen sein und die Kernspindel sich dadurch der Beobachtung entziehen, dass sie nur kurze Zeit besteht. In dem Falle, wo die Theilung der Kernspindel noch vor ihrer Rückbildung stattfindet, theilt sich zunächst die Aequatorialplatte. Besteht die Aequatorialplatte aus Körnchen, so rücken zwei Platten nach den beiden Polen, besteht sie aber aus Fäden, so treten, wie ich dies bei *Mesostomum* (Taf. III. Fig. 7, 8, 16) abgebildet und wie man es mehrfach in den Arbeiten Flemming's abgebildet sieht, spitzwinklig gebogene Stücke mit den Spitzen ihrer Winkel nach den Polen und die Fäden trennen sich in der Aequatorialebne. Nun theilt sich auch die Kernspindel, indem der Zusammenhang in der Aequatorialebne sich allmählich löst. Die beiden Flächen hängen zuerst noch durch Fäden zusammen, welche in Folge des Auseinanderrückens der beiden Hälften sich in die Länge ziehen, bis die Fäden sich trennen. Durch Einziehen der Strahlen und sonstige Modification geht der Kern wieder in die Bläschenform zurück.

Richtungsbläschen und Perivitellin.

Bei vielen Eiern bildet sich vor der Furchung ein sogenanntes Richtungsbläschen.

Die erste Kernspindel, welche im Ei entsteht, stellt sich mit dem einen Pol an die Peripherie des Dotters. Ein Theil des Kerns und zwar sowohl der Aequatorialplatte als des Kernsaftes löst sich ab und tritt in eine sich abschnürende Portion des Eiprotoplasma. Die so entstehende eine oder mehrere kleine Zellen bleiben, solange das Ei noch nicht befruchtet ist, unter sich und mit dem Ei in Verbindung. Die Bildung der Zellen kann vor der Befruchtung und nach der Befruchtung, die Ablösung aber immer nur nach der Befruchtung eintreten.

Ein zweiter Vorgang, der mit der Richtungsbläschenbildung in Verbindung steht, ist die Ausscheidung des Perivitellin. Wenn das Richtungsbläschen gebildet ist, scheidet sich das

Eiprotoplasma in eine innere, die festen Bestandtheile enthaltende Masse und eine homogene durchsichtige. Diese durchsichtige Masse ist flüssiger als die innere, aber keineswegs eine wässrige Flüssigkeit. Sie kann ziemlich fest sein, z. B. bei *Ascaris megalocephala* und *lumbricoides*. Da bei den letztgenannten Species die primäre Eihaut sich nach der Ausscheidung des Perivitellin noch verdickt und um das Perivitellin sich noch eine secundäre Eihaut bildet, so muss man das Perivitellin als lebendes Protoplasma und nicht als eine aus der Zelle ausgeschiedene Flüssigkeit ansehen.

Die Richtungsbläschen treten so häufig auf, dass man diejenigen Fälle, wo sie nicht auftreten, hervorheben und besonders aufmerksam betrachten muss. Unter den von mir selbst untersuchten Fällen vermisse ich das Richtungsbläschen bei *Tubifex*. Es wäre möglich, dass ich dasselbe übersehen habe, da das Ei desselben schon ziemlich gross ist. Allein gegen das Uebersehen spricht der Umstand, dass ich auch diejenigen Veränderungen, welche die Kernspindel behufs Bildung der Richtungsbläschen macht, nicht bemerkt habe, obgleich ich eine sehr grosse Zahl Eier untersuchte. Bei *Tubifex* fehlt aber auch die Ausscheidung des Perivitellin. Die andern *Chätopoden* verhalten sich verschieden, einige scheiden das Perivitellin nicht aus, andre scheiden es aus und besitzen auch das Richtungsbläschen, so nach Schenk's Beobachtungen *Serpula*.

Das Fehlen der Perivitellinausscheidung schiene danach vielleicht mit dem Fehlen des Richtungsbläschens zusammenzuhängen. Doch dies ist nicht der Fall. Bei *Cucullanus* ist ein Richtungsbläschen vorhanden ohne Perivitellinausscheidung. Allein es kommt bei *Cucullanus* offenbar nur zur Bildung, nicht zur Abtrennung der Richtungsbläschen, ein Fall, der öfter einzutreten scheint, aber wie dieser ganze Gegenstand noch zu wenig Gegenstand der Beobachtung gewesen ist.

Kein Richtungsbläschen und keine Vorbereitung zur Bildung desselben, aber auch keine Perivitellinausscheidung kommt bei *Mesostomum Ehrenbergii* vor.

Bei den Muscheln ist die scharf begränzte Eihaut schon am unbefruchteten und noch nicht ausgewachsenen Ei durch eine breite helle Schicht von dem Eiprotoplasma getrennt, welches an der Mikropyle befestigt ist. Diese helle Schicht könnte man leicht für Perivitellin halten. Sie kann es aber nicht sein, schon weil sie bereits am jungen Ei vorhanden ist und mit dem Ei wächst, während das Perivitellin immer am fertigen Ei und plötzlich sich ausscheidet. Wenn man dem entgegensetzen würde, dass Perivitellin schon am unbefruchteten Ei sich ausscheiden könne, so kann ich als ferneren Grund gegen die Zusammenstellung mit dem Perivitellin angeben, dass das Richtungsbläschen der Muscheln, wie die Figuren Flemming's zeigen, immer an den Eiern haften bleibt bis zur Entwicklung des Embryo.

Aus den bisherigen Beobachtungen lässt sich als Regel aufstellen: Das Richtungsbläschen kann auftreten und fehlen. Es kann sich ferner blos bilden und im Zusammenhang mit dem

Ei bis zur Bildung des Embryo bleiben, oder es kann sich frei abschnüren. Wenn es sich von dem Ei abschnürt, so scheidet sich auch Perivitellin aus.

In mehreren Fällen habe ich beobachtet, dass an Eiern, welche kein Perivitellin ausscheiden, eine Ausscheidung desselben oder wenigstens ein sehr ähnlicher Vorgang durch Zusatz von verdünnter Essigsäure bewirkt werden kann. So sehr deutlich bei *Tubifex*, und, wenn auch weniger auffallend, bei *Mesostomum* und *Cucullanus*. Wir sahen bei *Tubifex* diesen Vorgang nur eintreten, wenn das Ei von dem Druck der dasselbe umgebenden Cocons befreit war. Wir können deshalb diese künstliche Perivitellinausscheidung nur da erwarten, wo die Eihaut etwas dehnbar ist. Wir werden es deshalb für recht wohl möglich halten, dass bei den *Arthropoden*eiern, wo meines Wissens immer die Perivitellinausscheidung fehlt, und auch eine künstliche Ausscheidung nicht bewirkt werden kann, dies von der Härte der Eihaut herrührt.

Meines Wissens trennen sich die Richtungsbläschen nur an einer d. h. nicht an mehreren Stellen aus dem Ei. Bei *Asteracanthion* kann man feststellen, dass dies an der Stelle der früheren Mikropyle geschieht und wir können deshalb annehmen, dass auch in andern Fällen, wo sich kein Mikropyle findet, die Richtungsbläschen sich an der Stelle bilden, wo das Ei zuletzt mit dem Eierstock durch einen stärkeren Fortsatz seines Protoplasmas in Verbindung stand.

Eindringen der Spermatozoen und Folgen desselben.

Das Eindringen der Spermatozoen kann auf sehr verschiedenen Stufen der Eientwicklung stattfinden. Je weiter das Ei entwickelt ist, um so schneller verbinden sich die Spermatozoen mit dem Ei und entziehen sich unserm Blicke. Auf der frühsten Stufe der Entwicklung dringen die Spermatozoen ein bei den *Nematoden (Ascaris)*, *Mesostomum* und den *Hirudineen*.

Bei den *Nematoden* ist die primäre Eihaut noch nicht ausgebildet, doch verdickt, das Lecithin ist noch nicht gebildet, der Kern des Eies ist noch bläschenförmig. Man kann sagen, das Ei ist noch nicht fertig, damit das Spermatozoon seine eigentliche Wirkung ausübt. Es bleibt ja auch sichtlich erhalten, bis sich das Richtungsbläschen abgeschnürt und das Perivitellin ausgeschieden hat. Trotzdem sind alle diese Veränderungen, welche bei andern Eiern zum Theil ohne Eintritt eines Sperma erfolgen, bei den *Nematoden* ohne den Eintritt der Spermatozoen unmöglich. Schon der Schluss der Mikropyle findet z. B. bei *Leptodera appendiculata**) vor dem Eintritt des Spermatozoon nicht statt.

Bei *Mesostomum* ist auch der Kern des Ei's noch bläschenförmig und das Lecithin noch nicht ausgebildet.

---

*) Die Beobachtungen darüber siehe Schneider, Monographie der *Nematoden*. S. 283.

Bei den *Hirudineen* liegen die Eier noch innerhalb des Follikels, werden aber bei *Nephelis* noch während des Eindringens der Spermatozoen aus dem Follikel gelöst. Das Lecithin ist noch nicht gebildet. Wenn das Perivitellin ausgeschieden wird, sind bei *Nephelis* noch viele Spermatozoen ungelöst aber unbeweglich. Diese ungelösten treten in das Perivitellin und lösen sich allmählich. Die Richtungsbläschen schnüren sich erst später ab. Wenn sich das Richtungsbläschen abgeschnürt hat, sind alle Spermatozoen gelöst. Doch dringen die Spermatozoen aus dem Perivitellin nicht sichtbar in den Dotter.

Bei *Aulastoma* und *Piscicola* kann man sogar das Eindringen der Spermatozoen in Eier beobachten, welche ihre volle Grösse nicht erlangt haben. Welches die Wirkung dieser früh eindringenden Spermatozoen ist, lässt sich bis jetzt noch nicht feststellen.

Bei den *Echinodermen* ist nicht nur das Lecithin, eine secundäre Eihaut, sondern auch das Richtungsbläschen vor dem Eindringen der Spermatozoen gebildet. Das Spermatozoon löst sich auch sofort auf, das Perivitellin wird ausgeschieden und das Richtungsbläschen trennt sich ab.

Sind die *Echinodermen*eier für uns sehr wichtig, indem sie zeigen, wie spät ein Ei, so sind es die *Nematoden*eier, weil sie uns zeigen, wie früh die Befruchtung eintreten kann und muss. Die Spermatozoen können, wie wir bei den *Nematoden* sehen, durch die Mikropyle eintreten. Mitunter nehmen sie aber auch da einen andern Weg, wo sie vorhanden ist, z. B. *Asteracanthion*. Das Eintreten durch die Mikropyle wird immer dann stattfinden, wenn die Eihaut sonst unwegsam ist. Selbst bei den Insecten, bei denen nach den Untersuchungen Meissner's und Leukart's die Spermatozoen meist durch die Mikropyle eindringen, können sie dies wohl auch an andern Stellen der Eihaut. Jedenfalls findet das Eindringen nicht immer erst beim Durchtritt der Eier durch die Scheide statt, sondern schon in der Eiröhre. Bei *Cimex lectularius* liegen Saamenfäden in grosser Zahl zwischen der Eihaut und den Epithelzellen der Eiröhre, welche durch die Poren leicht eindringen können, zumal sie sich nur bei Eiern finden, deren Haut noch nicht erhärtet ist. An der Mikropyle habe ich dagegen keine Spermatozoen gefunden.

Das erste Phänomen, welches man als Folge des Eindringens der Spermatozoen betrachten kann, ist die amöboide Bewegung des Ei's. Wir haben sie bei den Eiern der *Nematoden*, *Echinodermen* und *Hirudineen* kennen gelernt. Sie kommt nur da zu Stande, wo die Membran des Ei's weich genug ist. Eine specifische Wirkung des Sperma ist sie nicht, sie ist die Folge einer Reizung, die auch durch andre Mittel (z. B. durch verdünnte Essigsäure bei *Nephelis*) bewirkt werden kann.

Eine besondre Besprechung verlangt das Eindringen der Spermatozoen bei den Säugethieren. In allen von mir untersuchten Fällen hört mit dem Ausscheiden des Perivitellin das Eindringen von Spermatozoen in den Dotter auf. Nur bei den Säugethieren dringen nach den übereinstimmenden Untersuchungen von Weil, Hensen u. A. auch nach dem Ausscheiden des

Perivitellin Spermatozoen durch die Zona und finden sich im Perivitellin und zwar in lebhafter Bewegung. Ja Weil fand in den Furchungskugeln selbst noch Spermatozoen.

In den von mir beobachteten Fällen tritt nach der Befruchtung ein physikalisches Hinderniss des Eindringens ein, und zwar kann dasselbe verschieden sein. Bei den *Nematoden* ist für das Spermatozoon das Ei nur durch die Mikropyle wegsam, mit dem Schluss derselben muss ein weiteres Eindringen derselben aufhören. Bei den *Echinodermen* und bei den *Hirudineen* ist die secundäre Eihaut überall durchdringlich, aber von dem Augenblick, in dem sich dieselbe durch die Perivitellinausscheidung von dem Dotter abhebt, wird sie unwegsam. Wie bei den meisten *Nematoden* entsteht auch bei den Säugethieren, wenigstens in den meisten Fällen[*]), keine secundäre Eihaut, die Zona pellucida der Säugethiere bleibt weich, ein physikalisches Hinderniss für das Eindringen besteht also nicht. Die Spermatozoen dringen ein. Allein es ist mehr als wahrscheinlich, dass diese später eindringenden Spermatozoen für die Entwicklung nicht mehr nöthig sind.

Wenn die Perivitellinausscheidung die Folge der Befruchtung ist, so haben wir bei den Säugethieren die Befruchtung nicht in der Tuba, sondern im Eierstock zu suchen. Auf dem Eierstock hat man die Spermatozoen gefunden. Hoffentlich gelingt es auch, die Spermatozoen noch im Eierstocksei nachzuweisen.

Wenn wir die verschiedenen nach dem Eintritt der Spermatozoen vorgehenden Erscheinungen verfolgen, so können wir als specifische Wirkung nur den Eintritt der ersten Zelltheilung betrachten, die Abschnürung des Richtungsbläschens oder die erste Zweitheilung in den Fällen, in denen das Richtungsbläschen nicht entsteht. Die andern Vorgänge sind dieselben, wie die Vorbereitungen, in welche jede andere Zelle behufs ihrer Theilung tritt, nur dass sie beim Ei in besonders ausgezeichneter Weise beobachtet werden können.

Ist die Bildung des Richtungsbläschens vollständig vorbereitet, so kann es sich im Nu abschnüren. Das Ei allein hat nur die Fähigkeit, sich bis zur Theilung vorzubereiten, es bedarf des Saamens, um die Theilung zu vollenden. Diese Vorbereitung ohne Befruchtung nähert sich bei verschiedenen Thieren der Vollendung mehr oder weniger und man kann daraus ersehen, wie verschieden die Fähigkeit der Thiere zu parthenogenetischer Fortpflanzung ist.

Die Veränderungen des Ei's vor und nach seiner Befruchtung sind demnach die jeder anderen Zelle bei ihrer Theilung. Eine Theilung erfolgt erst, nachdem das Spermatozoon das Ei rhizopodenartig durchdrungen hat.

---

[*]) Nur für die Fledermäuse giebt E. van Beneden eine unmittelbar unter der Zona pellucida gelegene secundäre Eihaut an. E. van Beneden, *Recherches sur la composition et la signification de l'oeuf. Mémoires couronnés de l'Académie de Belgique.* 1870. S. 184.

Das Spermatozoon wird bei der Furchung ebenfalls getheilt und geht in die Zellen über. Nur das Richtungsbläschen, welches aber auch ohne weitere Theilung untergeht, scheint davon ausgenommen, denn die Abschnürung desselben erfolgt z. B. bei den Seeigeln fast augenblicklich nach dem Eintritt des Spermatozoon und andererseits ist z. B. bei *Ascaris* das Spermatozoon noch nach der Abschnürung sichtbar. Für das Richtungsbläschen wirkt das Spermatozoon nur als Reiz. Auch auf den übrigen Theil des Eis wirkt das Spermatozoon zunächst als Reiz für den Eintritt der Abschnürung. Allein damit ist die Bedeutung des Spermatozoon nicht erschöpft. Das Spermatozoon ist gleichwerthig mit dem Ei. Wie das Ei zur Theilung gereizt wird von dem Spermatozoon, so das Spermatozoon von dem Ei. Die Erfahrung lehrt ja auch, dass die Eigenschaften der Mutter und des Vaters in gleicher Stärke auf das neue Thier übertragen werden können.

Nachtrag,
betreffend Aulastoma und Hämopis.

Die S. 29 von mir ausgesprochene Vermuthung, dass der von Leydig beobachtete Egel nicht *Hämopis* sondern *Aulastoma* gewesen, ist mir durch eine während des Druckes erhaltene briefliche Mittheilung zur Gewissheit geworden. Herr v. Leydig theilt mir darin mit, dass er früher auf die Autorität Brandt's (in der medizinischen Zoologie) gestützt, diesen Egel für *Hämopis* gehalten, sich aber seitdem längst überzeugt, dass *Hämopis* in Deutschland nicht vorkommt, sondern dass der angebliche *Hämopis* vielmehr *Aulastoma* genannt werden muss. In seinen spätern faunistischen Mittheilungen, so in der Skizze einer Fauna Tübingensis (Beschreibung des Oberamtes Tübingen, herausgegeben von dem kgl. stat. topographischen Bureau. Stuttgart. 1867.) und in dem Aufsatz über Verbreitung der Thiere in Rhön, Eifel, Mainthal und Rheinthal (Verhandlungen des naturhistorischen Vereins der Rheinlande und Westphalen. 1881.) hat derselbe *Hämopis* nicht mehr aufgeführt, sondern *Aulastoma*.

Ich bemerke ferner, dass der an dieser Stelle von mir citirte Aufsatz nicht R. sondern O. Hertwig zum Verfasser hat.

Erklärung der Tafeln.

Tafel I.

Fig. 1—14. Eier von *Ascaris megalocephala*. Sämmtliche Figuren sind nach Präparaten gezeichnet, welche mit Alkohol, Essigkarmin und Glycerin behandelt sind (siehe S. 3).

Fig. 1. Soeben abgelöst von der Rhachis. Keimbläschen elliptisch mit vielen Keimflecken.

Fig. 2. Keimflecken grösstentheils gelöst, Membran des Keimbläschens gleichfalls gelöst, Beginn der amöboiden Bewegung des letzteren.

Fig. 3. Eindringendes Spermatozoon, Ei eingeschnürt, Keimbläschen strahlig.

Fig. 4. Aus dem Anfang des Uterus, Räume, in welchen die Lecithinkugeln lagen. Keimbläschen und Spermatozoon. Spermatozoon in der körnigen Modification.

Fig. 5. Keimbläschen strahlig, Spermatozoon in der mehr homogenen Modification.

Fig. 6. Kernspindel, Längsansicht.

Fig. 7. Kernspindel, Ansicht des optischen Querschnitts.

Fig. 8. Vorbereitung zur Bildung des Richtungsbläschens. Beginn der Perivitellinausscheidung. Beginn der Theilung des Keimflecks. Spermatozoon (Sp.) zellenförmig.

Fig. 9. Perivitellinbildung weiter fortgeschritten. Hügel der Dottersubstanz mit dem Keimfleck.

Fig. 10. Richtungsbläschen abgeschnürt. Spermatozoon wird (Sp.) undeutlicher. Kern wieder deutlich strahlenförmig.

Fig. 11. Kern mit zwei Polarbläscheln. Spermatozoon noch sichtbar.

Fig. 12. Kern biscuitförmig. Spermatozoon fast unsichtbar.

Fig. 13. Zwei Kerne, Spermatozoon unsichtbar.

Fig. 14. Dotter kugelförmig, Kerne vergrössert. Secundäre Eihaut sichtbar.

Fig. 15—18. Eier von *Ascaris inflexa*. Alkohol, Essigkarmin, Glycerin.

Fig. 15. Unmittelbar nach Ablösung von der Rhachis.

Fig. 16. Keimbläschen nicht sichtbar, die kleinen Zellen sind wahrscheinlich die eingedrungenen Spermatozoen.

Fig. 17. Keimbläschen (K.) mit zwei Keimflecken wieder sichtbar, Spermatozoen nicht sichtbar, ein ovaler in Karmin tief gefärbter Fleck, wahrscheinlich aus den eingedrungenen Spermatozoen entstanden (Sp.).

Fig. 18. Das Keimbläschen, ein homogener Körper geworden, steht an dem Pol, der Fleck. Weiter entwickeln sich die Eier im Uterus nicht. (Sp. wahrscheinlich Spermatozoen.)

*11

Tafel II.

Fig. 1—4. *Ascaris megalocephala.*

Fig. 1. Ebenbefruchtetes Ei, frisch. Die Lecithinkörper und die Protoplasmakörnchen sichtbar.

Fig. 2. Dasselbe mit Essigsäure behandelt. Die Lecithinkörper gelöst. Die Eihaut stark aufgequollen.

Fig. 3. Ei mit vollkommen entwickelter Eihaut, frisch (Stadium Taf. I. Fig. 8).

Fig. 4. Dasselbe mit Essigsäure behandelt. Das Lecithin gelöst, die Eihaut gequollen, zeigt die radialen und concentrischen Streifen.

Fig. 5—14. Eier von *Cucullanus elegans.*

Fig. 5. Frisch. Spermatozoen eingedrungen, Kern noch unverändert.

Fig. 6. Wie die folgenden mit Essigsäure behandelt. Kernflüssigkeit vertheilt, nur die Körnchen der Kernsubstanz sichtbar. Spermatozoen im Eindringen. Primäre Eihaut.

Fig. 7. Kernspindel in der Bildung.

Fig. 8. Kernspindel mit Polarbüscheln. Spermatozoen.

Fig. 9. Beginn der Bildung des Richtungsbläschens. Kern excentrisch.

Fig. 10. Richtungsbläschen abgeschnürt, Perivitellin tritt auf, d secundäre Eihaut, p Perivitellin, r Richtungsbläschen.

Fig. 11. Vor der Zweitheilung des Kernes. Bezeichnung wie oben.

Fig. 12. Zweitheilung vollendet. Bezeichnung wie oben.

Fig. 13. Anomale Entwicklung, 4 Kerne, keine secundäre Eihaut, kein Perivitellin, kein Richtungsbläschen.

Fig. 14—23. *Ascaris megalocephala.* Entwicklung der Spermatozoen.

Fig. 14. Zellen der Rhachis nahe dem blinden Ende. Kern mit kugelförmigen Nucleolus.

Fig. 15. Eizelle von der Rhachis. Kern mit vielen Kernkörpern.

Fig. 16. Eizelle mit vielen kugligen Körnchen und vier grösseren Kernkörpern.

Fig. 17. Kernspindel mit drei Anschwellungen, Beginn der Polarstrahlen.

Fig. 18. Kern zweigetheilt. Radiale Anordnung der Stäbchen.

Fig. 19. Zweitheilung vollendet, radiale Anordnung der Stäbchen besteht noch.

Fig. 20. Spermatozoon, radiale Anordnung der Stäbchen geschwunden, kuglige Körner.

Fig. 21. Spermatozoon, Trennung der körnigen Substanz von der hyalinen. Umwandlung der körnigen Substanz.

Fig. 22. Spermatozoon, feste, körnige und hyaline Substanz, sowie Kern unterscheidbar.

Fig. 23. Spermatozoon, nur feste Substanz unterscheidbar.

Fig. 24. *Tubifex rivulorum.* Kernspindel des Ei's. (S. 15.)

Fig. 25—30. *Piscicola geometrica.* (S. 32.)

Fig. 25. Ei mit frisch eingedrungenen Spermatozoen, zum Theil gelöst.

Fig. 26. Ei mit Kernspindel, Perivitellinausscheidung.

Fig. 27. Ei mit ausgebildeter Kernspindel, die Spermatozoen geschwunden.

Fig. 28. Ei im Follikel, älteres Stadium, mit Essigsäure behandelt. f Follikelzellen, z Zona pellucida, d Dotterzellen.

Fig. 29. Follikel. Das Ei selbst nicht sichtbar, mit Essigsäure behandelt. Bezeichnung wie in Fig. 28.

Fig. 30. Ei im Follikel, jung abgelöst. Frisch. Bezeichnung wie vorher.

Tafel III.

Mesostomum Ehrenbergii.

Fig. 1—11. Eier mit Ausnahme von 9 u. 10 mit stark verdünnter Essigsäure behandelt. (S. 19.)

Fig. 1. Eben in den Uterus getreten, mit eingedrungenen Spermatozoen.

Fig. 2. Keimbläschen amöboid, die Spermatozoen in der Vertheilung, Reste derselben sichtbar. Eihaut deutlich.

Fig. 3. Die Spermatozoen nicht mehr sichtbar.

Fig. 4. Das Keimbläschen nicht mehr sichtbar, nur einzelne Körner von Kernsubstanz.

Fig. 5. Kernsubstanz bildet einen Fadenknäuel.

Fig. 6. Kernsubstanz bildet die äquatoriale Rosette, Polarbüschel. Ansicht von den Polen her.

Fig. 7. Die Kernsubstanzfäden polar angeordnet, Polarbüschel. Ansicht vom Aequator her.

Fig. 8. Die Fäden der Kernsubstanz im Aequator getrennt.

Fig. 9. Zweitheilung, in indifferenter Flüssigkeit. Die Polarbüschel unsichtbar. Die Lecithinkörner sichtbar meridian angeordnet.

Fig. 10. Polare Ansicht des Stadium's von Fig. 8 in indifferenter Flüssigkeit. Anhäufung von Kernflüssigkeit. Lecithinkugeln in meridianer Anordnung.

Fig. 11. Zeigt die künstliche Perivitellinbildung und die Eihaut nach längerer Einwirkung von Essig.

Fig. 12—23. Entwicklung der Spermatozoen.

Fig. 12—15. Saamenmutterzellen verschiedener Grösse. Kerne verschieden gestaltet.

Fig. 15. Kern der Saamenmutterzelle (Spermatoblast). Kernflüssigkeit unsichtbar, Kernsubstanz in viele scharf conturirte Körner verwandelt.

Fig. 16. Spermatoblast. Zwei Fadenbündel.

Fig. 17. Spermatoblast mit drei Fadenbündeln, jedes zweigetheilt.

Fig. 18. Spermatoblast mit vielen homogenen Kernen.

Fig. 19. Spermatoblast, die Saamenzellen in der Abschnürung begriffen.

Fig. 20. Saamenzelle aus hyaliner Substanz.

Fig. 21. Dieselbe grösser.

Fig. 22. Die homogene Substanz in einen spiralen Faden getheilt. Endfäden aus hyaliner Substanz.

Fig. 23. Fertiges Spermatozoon.

Tafel IV.

Fig. 1 u. 2. *Nephelis octoculata.* (S. 21.)

Fig. 1. Ovarium.

Fig. 2. (S. 21.) a, b, c. Einzelheiten des Aeussern.

Fig. 3 u. 4. *Nephelis sexoculata.*

Fig. 3. Ovarium.

Fig. 4a. Das Thier in natürlicher Grösse und Farbe.

b u. c. (S. 21.)

Tafel V.

Nephelis octoculata-Eier.

Fig. 1. Im Follikel.

Fig. 2. Aus dem Follikel, Keimbläschen ohne Keimfleck.

Fig. 3. Frisch abgelöst. Spermatozoen eingedrungen und im Eindringen begriffen.

Fig. 4. Das Eindringen beendet. Spermatozoon in lebhafter Bewegung, Keimbläschen unsichtbar, Ei kugelförmig.

Fig. 5. Spermatozoon noch beweglich, viele dunkle Körnchen aufgetreten.

Fig. 6. Nur wenige Spermatozoon beweglich.

Fig. 7. Perivitellinbildung vollendet, ausgestossne unbewegliche Spermatozoen im Perivitellin. Keimbläschen wird wieder sichtbar.

Fig. 8. Beginn der Amphiasterbildung.

Fig. 9. Amphiaster und Lecithinkugeln.

Tafel VI.

Aulastoma.

Fig. 1—16. Leucocyten aus den Geschlechtsorganen. (S. 35.)

Fig. 1. u. 2. Lebend in der Flüssigkeit des Uterus.

Fig. 3—7. Verschiedene Formen nach Behandlung mit verdünnter Essigsäure.

Fig. 8. Ei, in welches ein Leucocyt einzuwandern im Begriff steht.

Fig. 9. Ei stark verändert, in welchem viele Leucocyten sich befinden, nach Einwirkung von Essigsäure.

Fig. 10 u. 11. Leucocyten mit Nahrung gefüllt.

Fig. 12. Spermatoblast, an welchen zwei Leucocyten sich zu setzen im Begriff stehen.

Fig. 13. Spermatoblast von vielen Leucocyten umhüllt, stark verändert.

Fig. 14. Spermatoblast von Leucocyten umhüllt, im Innern noch ein Spermatozoon sichtbar.

Fig. 15 u. 16. Ballen von Leucocyten, einen Spermatoblast umhüllend.

Fig. 17—21. Eier aus dem Uterus.

Fig. 17. Stück des Ovarium mit knospenförmig daran sitzenden Eiern. (S. 30.)

Fig. 18. Ei im Follikel.

Fig. 19. Abgelöstes Ei mit zackigem Keimbläschen, faden- und kugelförmige Spermatozoen.

Fig. 20. Abgelöstes Ei, Keimbläschen unsichtbar, nur kugelförmige Spermatozoen.

Fig. 21. Abgelöstes Ei, Kernspindel, faden- und kugelförmige Spermatozoen.

Tafel VII.

Asteracanthion rubens.

Fig. 1. Reifes Ei nach zweistündigem Liegen in Seewasser. Keimbläschen auf der Höhe seiner amöboiden Bewegungen, vergl. S. 42.

Fig. 2. Reifes Ei nach halbstündigem Liegen in Seewasser. Beginn der amöboiden Bewegungen des Keimbläschens, Zona pellucida und Micropyle erhalten und sichtbar.

Fig. 3. Ei nach der Befruchtung, Keimbläschen strahlig, Perivitellin gebildet. Mit Essigkarmin behandelt.

Fig. 4. Eiinhalt bei sehr starker Vergrösserung, homogene Immersion ¹/₁₈. Lecithinkugeln und Protoplasmakörner zeigend.

Fig. 5. Verschiedne Formen des durch die Zona pellucida dringenden Spermatozoon.

Fig. 6. Unreifes Ei, in welches Spermatozoen eingedrungen sind, c die Fortsätze, welche sich in Folge des Eindringens bilden.

Fig. 7. Reifes Ei, in welches Spermatozoen gedrungen, c die buckelförmigen Erhebungen, welche sich in Folge desselben bilden.

Fig. 8. Gestalt des Keimbläschens nach Bildung, aber vor der Abschnürung des Richtungsbläschens. Essigkarmin.

Fig. 9. Keimbläschen in Gestalt zweier mit Ausläufern versehenen Bläschen. Vorläufer der Kernspindel.

Fig. 10. Innere Fläche des Hodens. Hodenfollikel mit Wimperepithel.

Fig. 11. Wand des Eierstocks auf dem optischen Querschnitte. g Inneres Epithel der Eierstockshöhle mit Wimpern, m Bindegewebs- und Muskelschicht, p Peritonaealepithel.

Fig. 12. Fläche der Eierstockshöhle. Eier verschiedener Grösse.

Fig. 13. Hervorknospende Eier mit Zona pellucida. Follikelepithel mit Wimpern.

Tafel VIII.

Fig. 1. *Harpalus punctulatus.* Stück des Vas deferens. a. Lumen des Vas deferens, b Anhangsdrüsen, c die im Vorrücken und in der Bildung begriffenen Spermatophoren.

Fig. 2. *Harpalus punctulatus,* fertiger Spermatophor.

Fig. 3. *Forficula,* Spermatophor aus den Hoden.

Fig. 4. *Psous,* Spermatophor aus dem Vas deferens.

Fig. 5. *Trichodectes Canis,* Spermatophor aus dem Receptaculum seminis.

Fig. 6. *Oniscus,* a Spermatophor, b einzelnes Spermatozoon nach der Trennung vom Spermatophor, beide aus dem weiblichen Geschlechtsorgan.

Fig. 7. *Oniscus,* Spermatozoon in der Bildung.

Tafel IX.

Fig. 1. *Feronia äthiops,* Spermatophor aus dem Vas deferens.

Fig. 2. *Abax striola,* fertiger Spermatophor.

Fig. 3. *Abax striola,* Spermatophor in der Bildung begriffen.

Fig. 4. *Carabus granulatus,* fertiger Spermatophor.

Tafel X.

Fig. 1. *Tinea pellionella*, Spermatophor aus dem *Receptaculum seminis.*.

Fig. 2. *Clivina arenaria*, a fertiger Spermatophor, b Spermatophor in der Bildung begriffen.

Fig. 3. *Locusta viridissima*, a einzelnes Spermatozoon, b fertiger Spermatophor.

Fig. 4. *Coccus adonidum*, a fertiger Spermatophor aus den Hoden, b derselbe verkleinert aus dem Eileiter, c einzelnes Spermatozoon aus den Eifollikeln.

Fig. 5. *Tinea pellionella*, Spermatophor aus dem Hoden.

Fig. 6. *Tubifex*, Spermatophor.

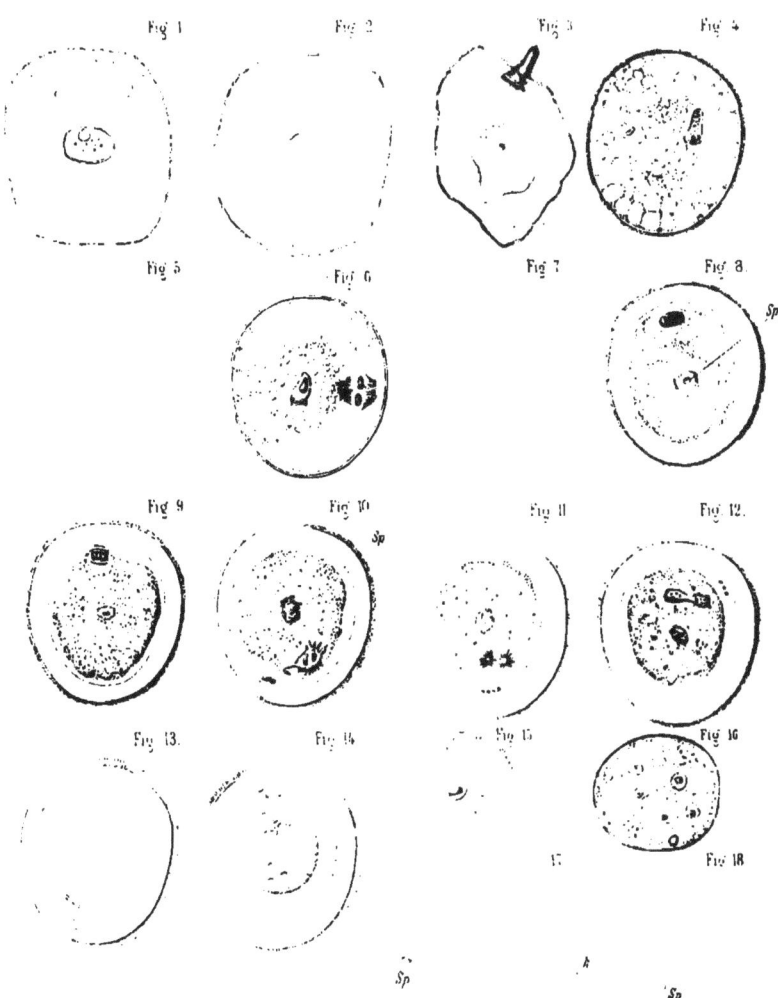

Fig 1   Fig 2   Fig 3   Fig 4

Fig 5   Fig 6   Fig 7   Fig 8   *Sp*

Fig 9   Fig 10   *Sp*   Fig 11   Fig 12

Fig 13   Fig 14   Fig 15   Fig 16

Fig 18

Sp   *Sp*

Lith. Anst. v. F. Wirtz. Darmstadt.   Schneider del

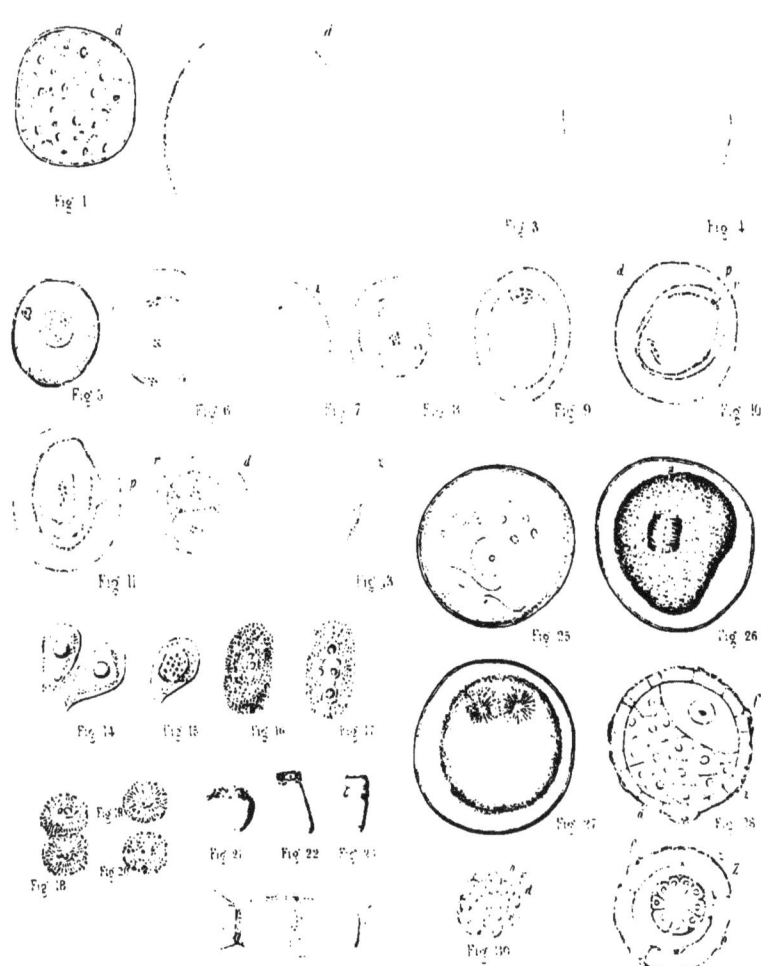

Fig 1

Fig 3   Fig 4

Fig 5   Fig 6   Fig 7   Fig 8   Fig 9   Fig 10

Fig 11   Fig 13   Fig 25   Fig 26

Fig 14   Fig 15   Fig 16   Fig 17   Fig 27   Fig 28

Fig 18   Fig 21   Fig 22   Fig 23

Fig 30   Fig 31   Fig 29

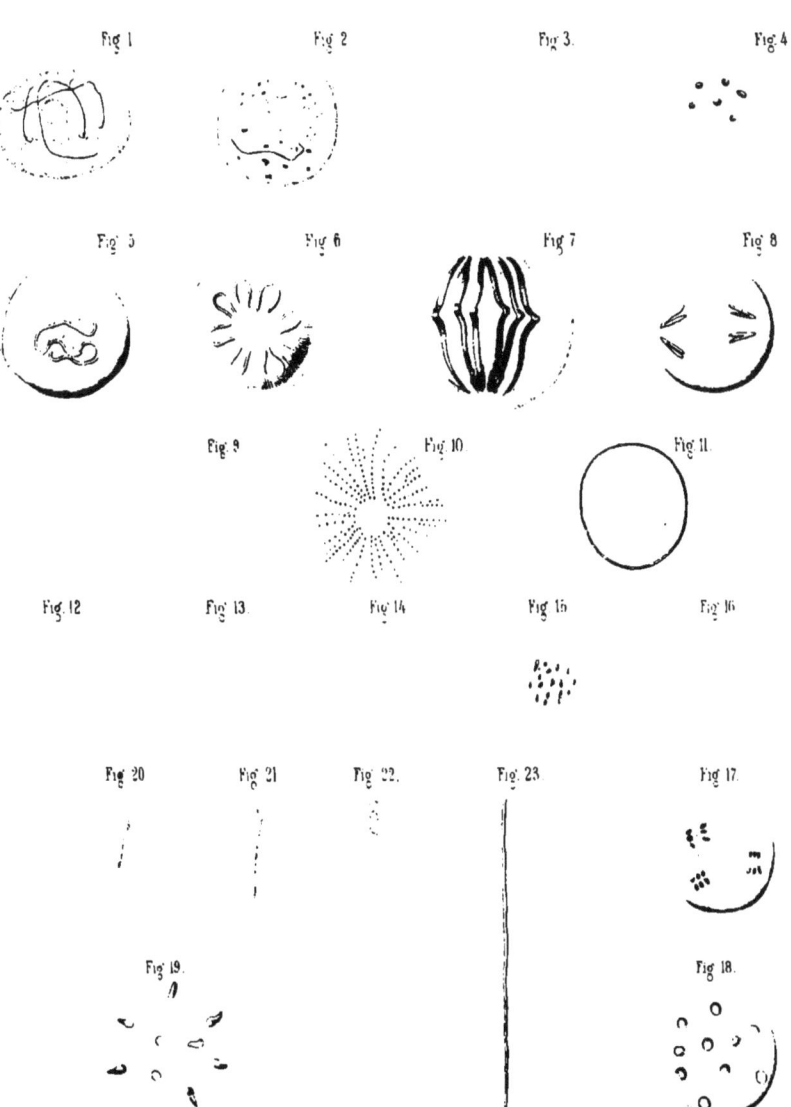

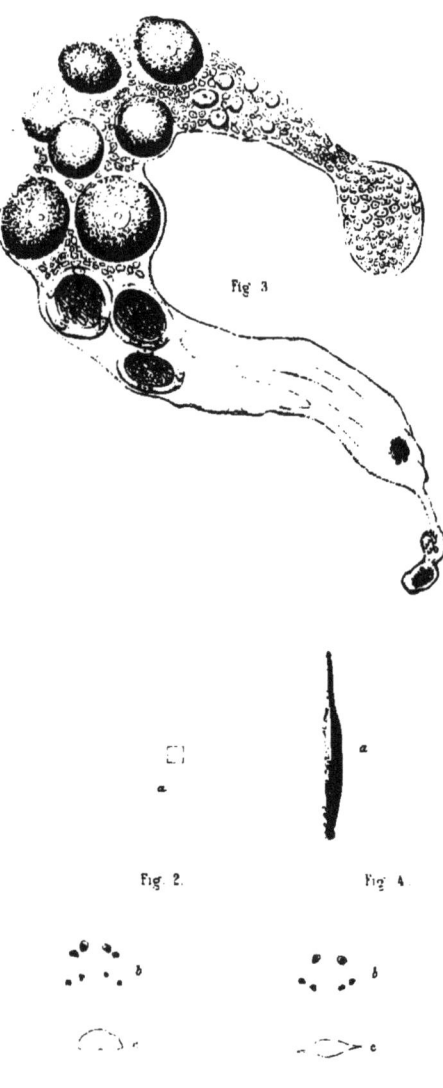

Fig 3

Fig 2.

Fig 4.

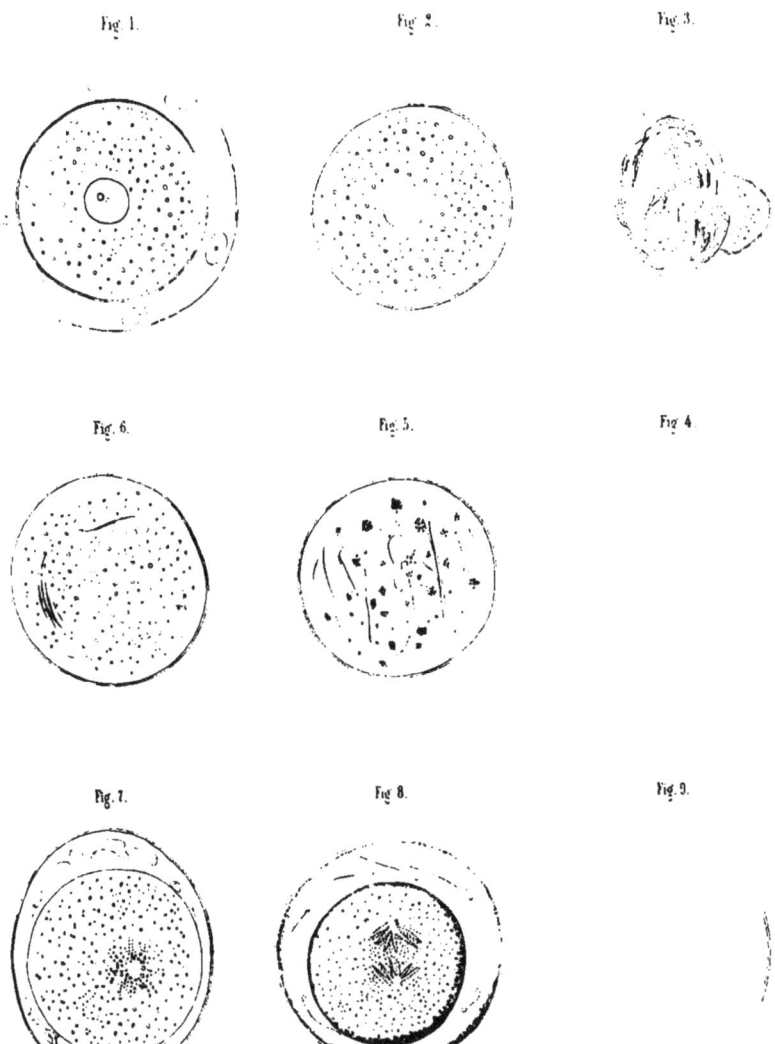

Fig. 1.

Fig. 2.

Fig. 3.

Fig. 6.

Fig. 5.

Fig 4

Fig. 7.

Fig 8.

Fig. 9.

Lith. Anst v. F. Wirtz, Darmstadt.

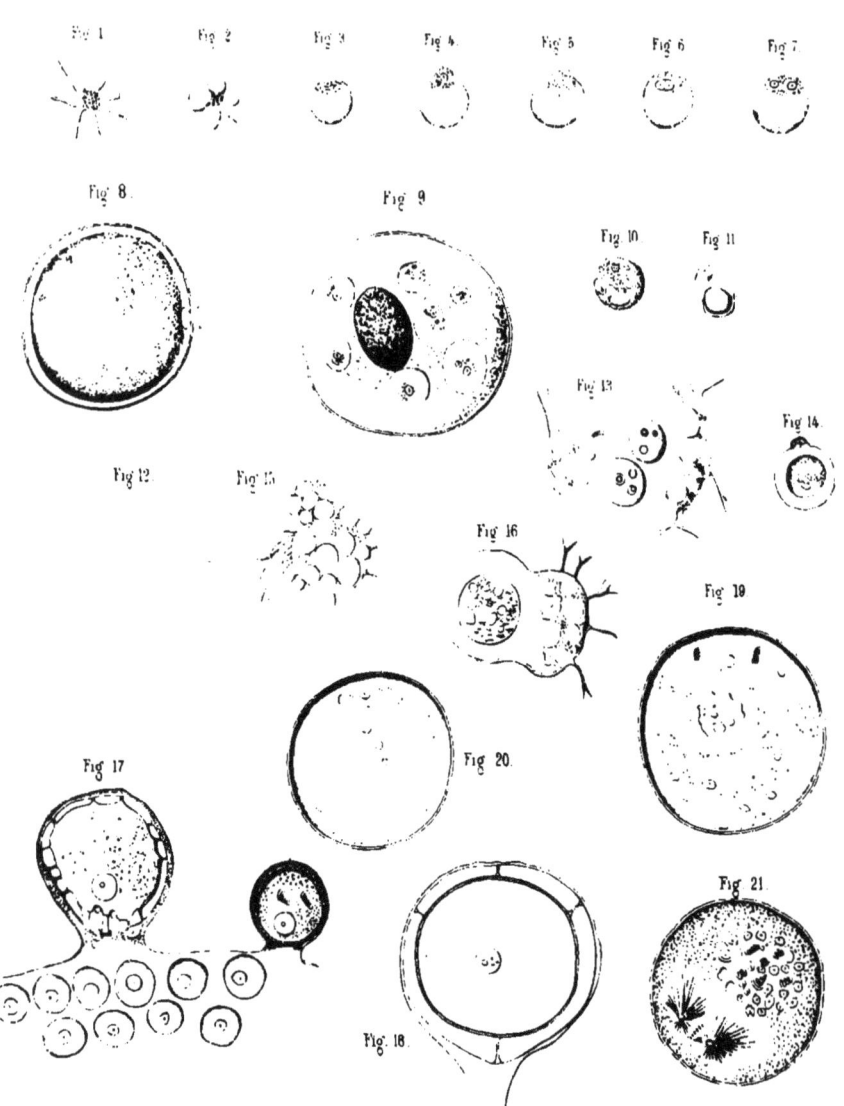

Fig 1   Fig 2   Fig 3   Fig 4   Fig 5   Fig 6   Fig 7

Fig 8   Fig 9   Fig 10   Fig 11

Fig 12   Fig 13   Fig 14

Fig 15   Fig 16   Fig 19

Fig 17   Fig 20

Fig 21

Fig 18

Zur Anat v F Würtz Darmstadt

Schneider del.

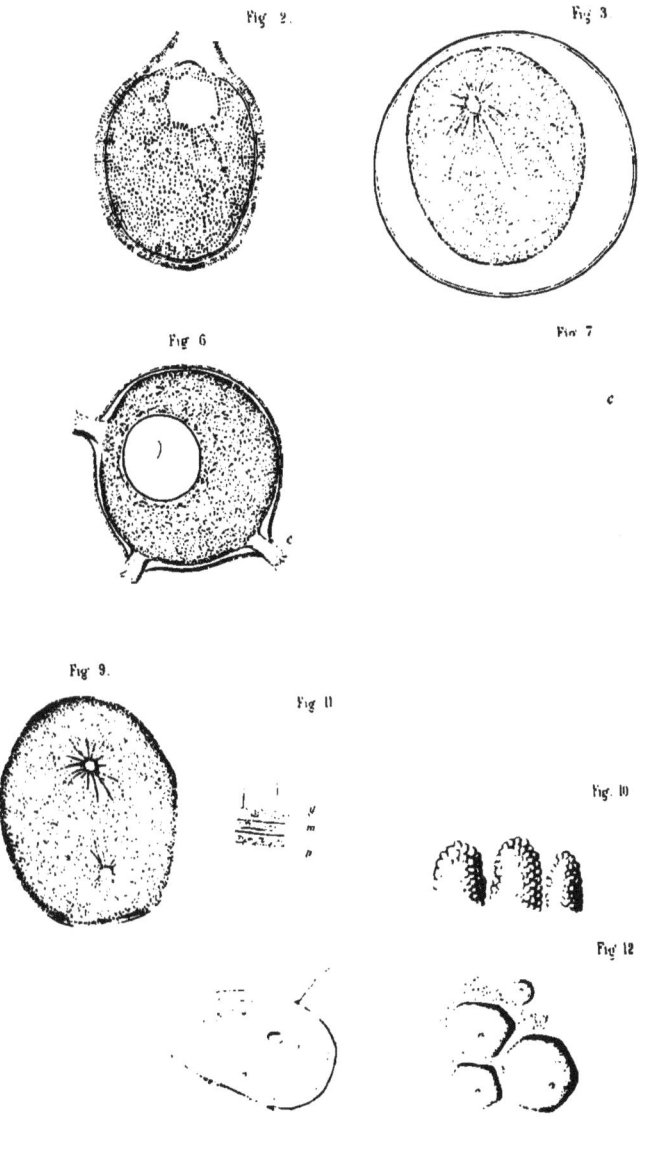

Fig. 2.

Fig. 3.

Fig. 6

Fig. 7

c

Fig. 9.

Fig. 11

Fig. 10

Fig. 12

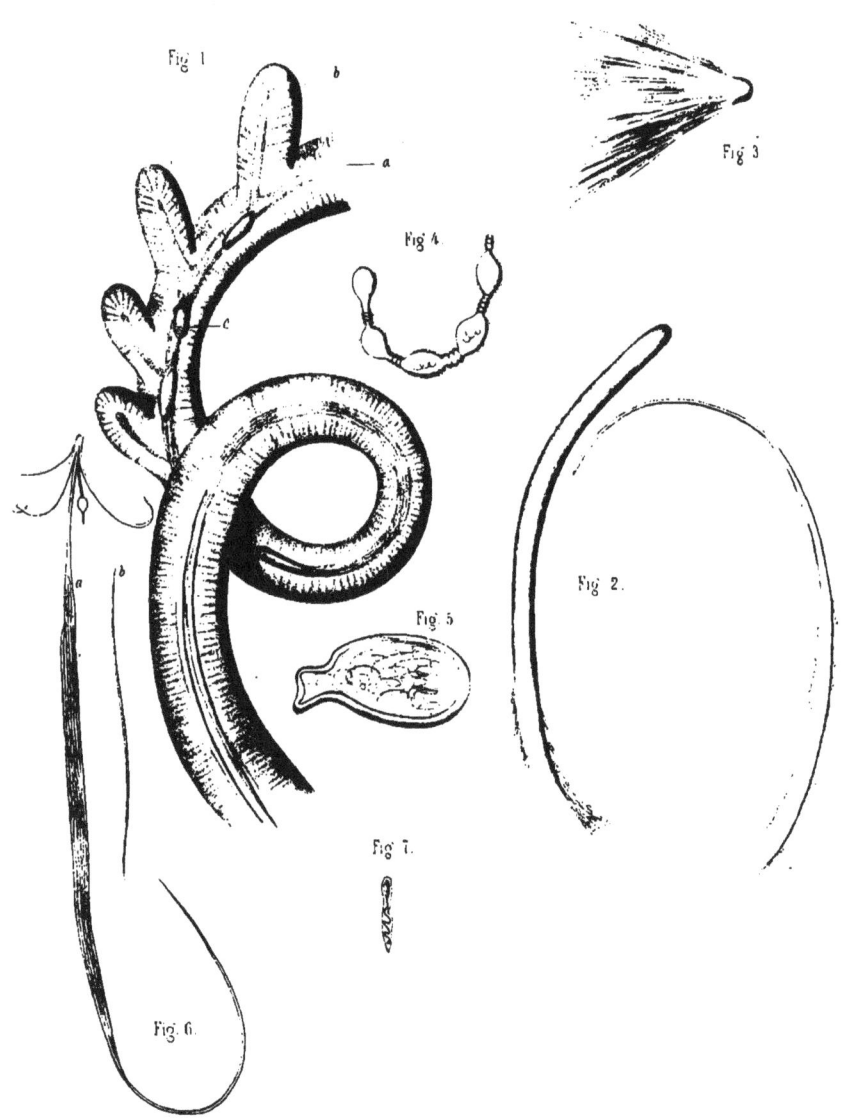

Fig. 1.

b

a

c

Fig. 3

Fig. 4

Fig. 2.

Fig. 5

Fig. 7.

a   b

Fig. 6.

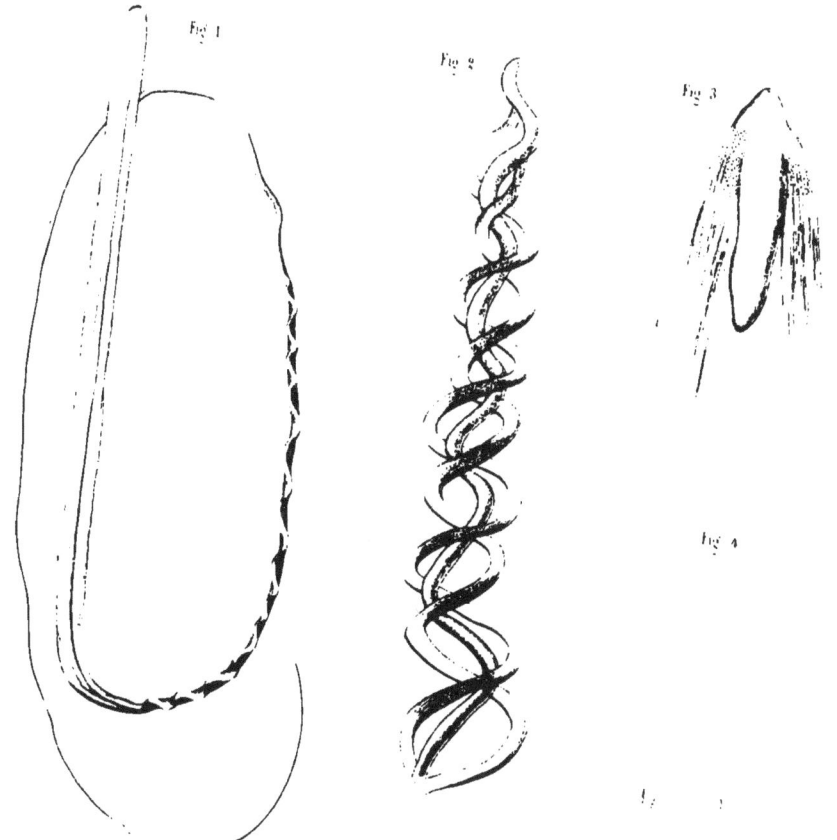

Fig. 1

Fig. 2

Fig. 3

Fig. 4

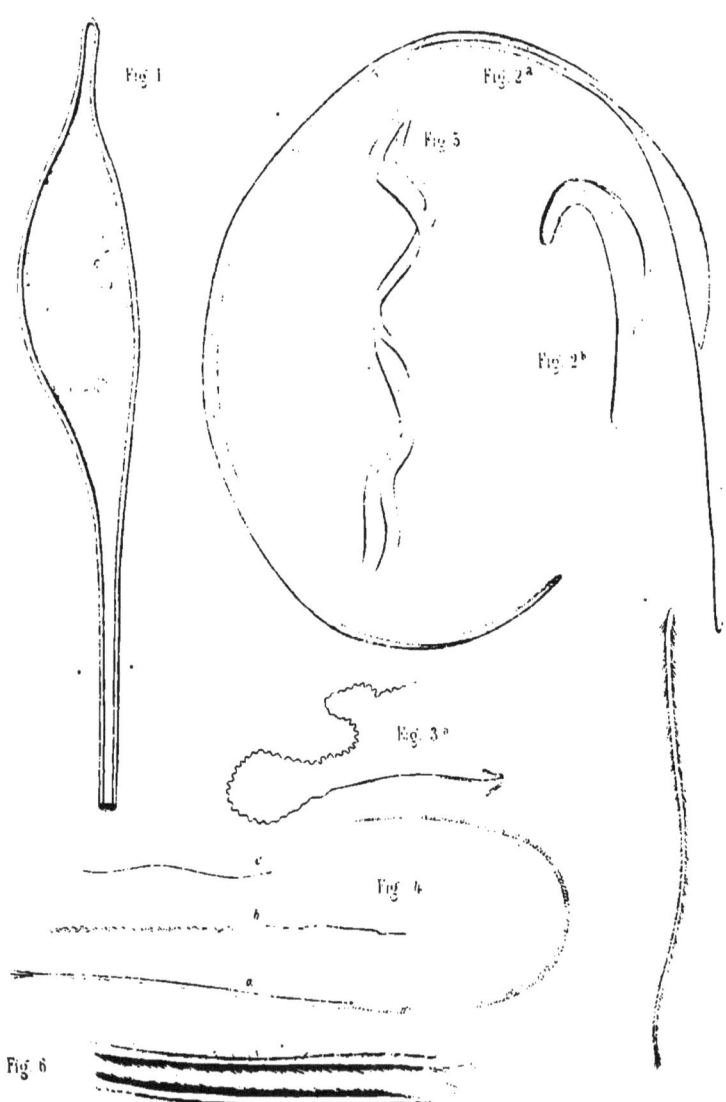

Fig 1

Fig. 2 ª

Fig 5

Fig 2 ᵇ

Fig. 3 ª

Fig. 4

Fig 6